전광훈 목사 설교 시리즈 Light 05

창조로 나타난 그리스도

KB214635

전광훈 목사 설교 시리즈 Light 05

창조로 나타난 그리스도

JUN KWANG HOON

전광훈 지음

들어가는 말

/

　창세기 1장은 모든 책의 목차이며 하나님이 인간에게 최초로 나타내신 복음의 핵심 덩어리입니다. 대부분의 사람들은 창세기 1장을 읽고, 우주 만물의 창조로만 이해하지만 이것은 하나님이 천지를 창조하신 의도와 전혀 다른 해석입니다. 사람도 집을 지을 때 가장 먼저 설계도를 그리는 것처럼, 하나님도 이 세상을 창조하시기 전에 먼저 설계도를 그리셨습니다. 하나님은 이 설계도에 따라 첫째 날에는 빛이 있으라, 둘째 날에는 물과 물이 나누어지라, 셋째 날에는 뭍이 드러나라, 넷째 날에는 주관하라, 다섯째 날에는 번성하라, 여섯째 날에는 다스리라, 일곱째 날에는 안식하라고 말씀하셨습니다. 이 설계도가 바로 예수 그리스도입니다. 천지창조는 천지를 창조하는 것 자체가 목적이 아니라, 창조의 과정을 통해 예수 그리스도를 말하기 위함입니다(골 1:16-17). 하나님은 천지창조의 7가지 사건을 통해 예수님이 이 땅에 사람으로 오셔서 우리를 구원하시기 위해 행하신 복음의 7가지 사건을 나타내고 계십니다. 그리고 더 나아가, 예수님을 영접하는 자마다 그 심령 속에 다시 한번 천지창조의 7가지 사건이 일어날 것을 약속하십니다. 이제 바울 서신을 근거한 창세기 1장의 복음적 의미를 하나씩 배워나갈 때 얼마나 더 하나님이 여러분을 축복하실지 기대하시기 바랍니다.

전광훈 목사 드림

목차

01

/

성경을 제대로 알자

골로새서 1장 15-20절

15그는 보이지 아니하시는 하나님의 형상이요 모든 창조물보다 먼저 나신 자니 16만물이 그에게 창조되되 하늘과 땅에서 보이는 것들과 보이지 않는 것들과 혹은 보좌들이나 주관들이나 정사들이나 권세들이나 만물이 다 그로 말미암고 그를 위하여 창조되었고 17또한 그가 만물보다 먼저 계시고 만물이 그 안에 함께 섰느니라 18그는 몸인 교회의 머리라 그가 근본이요 죽은 자들 가운데서 먼저 나신 자니 이는 친히 만물의 으뜸이 되려 하심이요 19아버지께서는 모든 충만으로 예수 안에 거하게 하시고 20그의 십자가의 피로 화평을 이루사 만물 곧 땅에 있는 것들이나 하늘에 있는 것들을 그로 말미암아 자기와 화목케 되기를 기뻐하심이라

할렐루야!

이 땅에 존재하는 모든 지식의 분량이 얼마나 되는지 아십니까? 하루에 발간되는 책을 한 사람이 읽으려면 몇 년이 걸립니까? 우리가 죽을 때까지 알 수 있는 지식은 이 세상에 존재하는 지식 중 얼마나 됩니까? 아마도 점 하나도 안 될 겁니다. 우리가 이 세상의 모든 지식을 알려고 해도 다 알 수 없는 게 바로 지식입니다. 그러니 선택적 지식을 구할 수밖에 없습니다.

지식의 구조 중에 제일 밑바닥 지식은 자연입니다. 그리고 철학, 신학이라고 할 수 있습니다. 지식 중에서 최고의 지식은 성경입니다. 그래서 성경이 보이면 다 보입니다. 높은 산에 올라가서 보면, 밑이 다 보이는 것처럼 성경을 알면 모든 것을 볼 수 있습니다.

성경을 제대로 알자

여러분, 성경을 제대로 알아야 합니다. "제대로." 성경을 많이 읽은 사람, 신학자, 목회를 잘 하고 있는 목사님들도 성경을 제대로 알지 못 합니다. 성경이 기록된 이후에 지금까지 성경이 제대로 열린 적이 없습니다. 분명히 아셔야 합니다.

신약성경이 왜 기록되었는지 그걸 지금 여러분에게 전해줄 겁니다.

오순절에 성령을 받으니까 하루에 3,000명, 5,000명이 교회로 들어오는 겁니다. 교회에 들어오는 이 성도들 중에는 분류가 두 가지입니다. 하나는 로고스 대신 예수를 육신으로 본 사람이 있습니다. 또 하나는 못 본 사람이 있습니다. 예수님을 육신으로 보지 못한 사람들이 본 사람한테 자꾸 물어봅니다.

"에이, 너는 좋겠다. 예수님을 어떻게 육신으로 봤냐?"
"그때 뭐 했어?"

"뭐 보리떡 5개하고 물고기 두 마리로 5,000명 먹였지."
"물 위로 걸어갔지."
"죽은 사람을 살렸지."

예수님을 못 본 사람들이 예수님을 봤던 사람들한테 매일같이 모여가지고 물어봅니다. 매일같이요. 예수님을 봤던 사람들이 귀찮으니까, 성경을 기록한 겁니다. 개인적으로 물어보지 말라는 겁니다. 그래서 이제 매일 아침에 100명, 200명이 모이니까 제일 먼저 기록된 마가복음을 읽어주는 겁니다. 읽어주는 강사가 따로 있었습니다. 이런 일이 계속 반복됐습니다.

그리고 이 교회가 세계로 뻗어나갔습니다. 마태는 아프리카로, 도마는 인도로, 요한은 중앙아시아를, 그리고 바울은 소아시아와 유럽으로 갔습니다. 전 세계에 교회가 세워지니까 성경을 읽어주는 사람이 한 사람 가지고 안 되는 겁니다. 그래서 성경을 베껴서 읽어주기 시작했습니다. 그리고 성경을 읽어주는 사람들이 늘어났습니다. 이렇게 성경을 읽어주는 문화가 생겨난 겁니다.

성경의 왜곡

읽어주는 사람한테 사람들이 돈을 주니까, 너도 나도 성경을 베껴가지고 읽어주러 다니는 겁니다. 그러다가 경쟁이 붙은 겁니다. 누가 더 은혜롭게 읽느냐? 누가 더 실감나게 읽느냐? 그러니까 성경 말씀에 흥미를 주기 위해 이것저것 첨가하기 시작한 겁니다. 이게 뭐냐? 바로 외경입니다. 성경에 거짓말로 자꾸 새로운 이야기들이 더해진단 말입니다. 왜입니까? 그래야 사람들이 좋아하고, 돈을 많이 벌 수 있으니까 그렇게 한 겁니다. 이렇게 성경이 점점 누더기가 되어 버린 겁니다. 구약성경보다 신약성경이 심했습니다. 예수님 이야기에 막 붙여서 넣어 버린 겁니다.

이런 일이 A.D 4세기 경에 일어났습니다. 신약성경이 기록된 뒤 200년이 지난 시점에 성경이 개판이 된 겁니다. 당시에 4대 발상지가 카르타고, 안디옥, 알렉산드리아, 로마였습니다. 4대 중심지 초대 교회의 대표들이 모여서 이렇게 해서는 안 되겠다고 생각하고 성경을 정돈하자고 결의를 하고 성경을 다 거둬들여서 불태워 버렸습니다. 그리고 진짜 사도들이 기록한 원본에 가까운 것만 로마에다가 딱 가둬놨습니다. 성경을 사람들에게 안 보여준 겁니다. 그리고 성경을 볼 수 있는 신부만 봤습니다. 그 신부들이 성경을 보고 교리만 뽑아서 사람들에게 나눠졌습니다.

그렇게 시간이 흘러 A.D. 630년 경에 마호메트가 구약성경과 신약성경에 기록된 말씀을 대부분 사용하고, 나머지는 신의 말씀, 계시를 받았다고 해서 코란이라는 걸 썼습니다. 마호메트가 천사 가브리엘 통해서 신의 말씀을 전한 걸 기록했다고 나눠주니까, 사람들이 좋아했단 말입니다. 사람들이 생각했습니다.

"기독교는 성경을 안 보여주는 이유가 뭔가 숨기는 게 있고 이슬람의 코란은 다 보여주니 이게 진짜구나!"

이런다 말입니다. 진실에 가짜를 섞어서 진실인 것처럼 뿌리니까 사람들이 '아하, 이게 진짜구나!' 하면서 이슬람이 순식간에 퍼진 겁니다.

성경이 사람들 사이에게 자취를 감춘 사이에 이슬람이 일어난 겁니다. 이렇게 성경을 펼쳐지지 않으니까 가짜인 코란이 기독교를 잡아먹은 겁니다. 그 이후에 종교개혁이 일어나기 전까지 기독교는 이슬람에 속수무책이었습니다. 성경이 없으니까 이런 일이 일어난 겁니다. 이렇게 성경의 위력이 큰 겁니다. 서아시아 지역이 기독교였는데, 이때 이슬람에게 다 넘어갔습니다.

마르틴 루터, 칼뱅 등을 중심으로 종교개혁이 일어나면서 성경을 독일어로, 프랑스어로, 영어로 번역해서 사람들이 성경을 읽도록 했습니다. 그런데 문제는 종교개혁자들이 가톨릭에서 나온 사람들이라서 성경의 해석권은 평신도들에게 주지 않았습니다. 평신도들이 성경을 읽고 깨달은 것을 해석하면 안 되는 겁니다. 성경을 읽다가 성령이 성경의 비밀을 열어줘도 평신도는 그걸 기록할 수 없었습니다. 만약 그러면 법으로 걸리는 겁니다. 이런 문화가 우리나라에서도 있었습니다. 평신도들이 성경을 읽다가 성령의 임재로 뭔가 말하려고 하면 목사님이 성경을 자기 마음대로 해석하면 안 된다고 혼을 냈습니다.

종교개혁이 일어나도 이렇게 하니, 성경이 열리겠습니까? 안 열리죠. 평신도들이 성경을 읽을 때 성령이 역사하는데, 그걸 표현하지 못하게 하니까 답답한 겁니다. 그래서 사람들이 신앙의 자유를 찾아서 아메리카로 향했습니다. 이 사람들이 청교도입니다. 영어로 'Puritan'이라고 합니다. 청교도들이 마음껏 성경을 읽고 성령의 깨달음대로 설교를 하자는 마음을 먹습니다.

그런데 미국 땅에서 해야 할 일이 많았습니다. 원주민인 인디언과 마찰이 있고, 서부도 개척해야 하고, 밑으로 멕시코하고도 전쟁이 일어나니 미국의 200년의 역사 동안 성경을 깊이 연구할 시대가 없었습니다. 미국의 영성을 이끌었다는 사람들의 설교집을 봐도 성경을 깊이 본 사람이 없었습니다.

그러다가 세계 2차 대전이 일어나면서 정신을 차렸습니다. 신앙만 가르치지 말고 성경을 깊이 연구하자고 했습니다. 그런데 여기에서 문제가 생겼습니다. 성경을 학문으로 접근해서 문서비평이라는 것을 합니다.

이때 모세오경의 저작설에 대해 딴지를 걸어옵니다. 어떻게 모세가 썼다는 모세오경에 모세의 죽음이 기록되었느냐는 겁니다. '이게 말이 되는 거냐?' 하면서 성경으로 인정할 수 없다고 말하는 겁니다. 이렇게 자유주의 신학이 일어나면서 성경 신학이 완전 타락해버렸습니다. 성경을 하나님의 말씀이라고 볼 수 없다는 말입니다. 그러니 성경이 힘이 있겠습니까?

이런 상황에서 프린스턴 대학의 메이천 교수가 들고 일어났습니다. 이 사람은 보수주의이고, 은혜 받은 사람이었습니다.

"아니야, 이건 사탄의 학문이야. 모세오경 속에 모세가 죽은 장례식이 기록되어 있어도 이것은 하나님의 말씀이야."

이렇게 주장하고 프린스턴 대학에서 나와서 웨스트민스터 신학교를 세웠습니다. 이게 바로 보수주의 신학입니다. 그리고 칼빈신학교도 이쯤 세워지는데, 웨스트민스터 신학교와 칼빈신학교는 보수주의 신학으로 우리나라 보수주의 신학을 공부하는 사람들이 여기에서 공부를 많이 했습니다.

메이천 교수가 웨스트민스터 신학교를 세울 때 함께했던 대표적인 인물이 김치선 박사입니다. 이분 묘비에 '메이천 교수와 함께 프린스턴 대학에서 나와서 웨스트민스터 신학교를 세울 때 학생으로서 기여한 사람'이라고 기록되어 있습니다. 메이천 교수가 말한 성경신학에 대해서 확신을 가지고 있었던 겁니다.

김치선 박사가 웨스트민스터 신학교에서 박사 학위를 받으면 사람들이 메이천 교수와 짜고 학위를 줄까봐 박사 학위는 달라스 신학교에 가서 받았습니다. 김치선 박사가 쓴 논문이 〈모세와 오경〉입니다.

이 논문은 모세가 오경의 저자임을 부인하는 자유주의자들의 주장을 정면으로 반박하면서 모세가 오경을 썼다는 것을 네 가지 근거를 들어 증명한 것이었습니다. 이 논문을 읽어보면, 1930년대 중반에 당시의 자유주의 신학에 맞서 가장 복잡하고 어려운 오경의 모세 저작 사실을 개혁주의 시각에서 치밀하고도 분명하게 설명해주는 역작이라는 걸 알 수 있습니다.

누가복음 24장 이야기가 모세의 죽음이 오경에 기록되어 있어도 오경은 모세가 썼다는 걸 분명히 말하고 있습니다. 예수님께서 '모세와 모든 선지자의 글로 시작하여 모든 성경에 쓴 바'(눅 24:27)라고, 분명히 모세가 성경을 썼다고 말씀하셨습니다. 우리 주님이 모세가 썼다고 인정했는데, 왜 모세가 썼다, 안 썼다고 싸우느냐는 겁니다. 그리고 자신의 장례식 이야기를 성령의 능력으로 쓸 수 있다는 겁니다. 성경에 자신의 장례식 이야기가 기록되어 있다고 해서 성경을 믿을 수 없다고 말하는 것은 말도 안 되는 일입니다. 이게 바로 김치선 박사가 쓴 논문입니다.

이 논문을 제가 대한신학교에 들어간 1975년에 읽었습니다. 이걸 읽으면서 내 마음 속에 성경이 중요하다는 것을 심었습니다. 성경만을 가르치겠다는 김치선 박사의 생각이 맞는 겁니다. 성경을 제대로 알아야 됩니다.

성경이 열리면 분명히 됩니다. 성경이 열려야 목회가 되고, 사역이 되고, 사업이 되는 겁니다.

(기도)

"사랑의 하나님, 우리 안에 성경이 열리게 하옵소서. 성경을 제대로 알게 하옵소서. 그렇게 하나님께서 말씀하신 것을 제대로 알게 하옵소서. 예수 그리스도의 이름으로 기도하옵나이다. 아멘."

02

/

창조로 나타난 그리스도

출애굽기 25장 1-9절

¹여호와께서 모세에게 일러 가라사대 ²이스라엘 자손에게 명하여 내게 예물을 가져오라 하고 무릇 즐거운 마음으로 내는 자에게서 내게 느리는 것을 너희는 빋을찌니라 ³니희기 그들에게서 받을 예물은 이러하니 금과 은과 놋과 ⁴청색 자색 홍색실과 가는 베실과 염소털과 ⁵붉은 물 들인 수양의 가죽과 1)해달의 가죽과 조각목과 ⁶등유와 관유에 드는 향품과 분향할 향을 만들 향품과 ⁷호마노며 에봇과 흉패에 물릴 보석이니라 ⁸내가 그들 중에 거할 성소를 그들을 시켜 나를 위하여 짓되 ⁹무릇 내가 네게 보이는대로 장막의 식양과 그 기구의 식양을 따라 지을찌니라

성경이 열리면 다 됩니다. 하나님은 여러분과 저에게 성경을 열어주기를 원하십니다. 예수님께 엉뚱한 질문을 할 때마다 주님이

하신 말씀이 있습니다. "너희가 성경도, 하나님의 능력도 오해하였도다." 성경을 오해하면 이런 비극이 일어납니다. 성경을 오해하지 말고 성경을 제대로 알기를 바랍니다.

출애굽기 25장 9절을 봅시다.

"무릇 내가 네게 보이는대로 장막의 식양과 그 기구의 식양을 따라 지을찌니라"(출 25:9).

모세가 시내산에서 **"하늘의 식양, 법, 제도, 설계도"**를 봤습니다. 그런데 이 모든 주제가 **"그리스도"**입니다. 이것을 보고 내려와서 쓴 것이 바로 모세오경입니다. 그리고 하나님의 성막을 지었습니다. 사도 바울은 셋째 하늘에 올라가서 모세가 본 이 세계를 똑같이 보게 됩니다.

고린도후서 12장 2절입니다.

"내가 그리스도 안에 있는 한 사람을 아노니 십 사 년 전에 그가 셋째 하늘에 이끌려 간 자라 (그가 몸 안에 있었는지 몸 밖에 있었는지 나는 모르거니와 하나님은 아시느니라)"(고후 12:2).

바울은 셋째 하늘에서 그리스도의 설계도를 본 겁니다. 바울은 이걸 보고 열 세권의 바울 서신을 쓴 겁니다. 모세와 바울은 같은 걸 본 겁니다.

모세와 바울이 경험한 것을 성경을 읽으면서 우리가 똑같은 효과를 볼 수 있습니다. 오직 성령으로 말입니다. **"오직 성령으로."** 성령의 통로로만 내려오게 되어 있습니다. 그래서 성령을 안 받으면, 하늘의 설계도를 보고 와서 기록한 신구약성경을 아무리 읽어봐도 모릅니다. 주석을 보고 성경공부를 해봐도 까만 것은 글이요, 하얀 것은 종이일 뿐입니다. 바울의 눈에 비늘이 벗어진 것처럼 오직 성령으로 봐야지만 하늘의 설계도가 보이는 겁니다.

하늘의 설계도를 본 사람들

하나님이 때때로 위에서부터 하늘의 그리스도를 보여준 사람이 있습니다. 대표된 사람이 누구냐 하면 아브라함입니다. 아브라함이 ㄱ걸 본 겁니다. 히브리서 11장 10절을 읽어봅시다.

"이는 하나님의 경영하시고 지으실 터가 있는 성을 바랐음이니라"(히 11:10).

14-16절도 읽어봅시다.

"이같이 말하는 자들은 본향 찾는 것을 나타냄이라 저희가 나온바 본향을 생각하였더면 돌아갈 기회가 있었으려니와 저희가 이제는 더 나은 본향을 사모하니 곧 하늘에 있는 것이라 그러므로 하나님이 저희 하나님이라 일컬음 받으심을 부끄러워 아니하시고 저희를 위하여 한

성을 예비하셨느니라"(히 11:14-16).

여기서 이야기하는 한 성이 바로 하늘의 그리스도입니다. 이 하늘의 설계도를 아브라함이 봤기 때문에 갈대아 우르, 하란 땅으로 본향으로 돌아갈 수 없었습니다. 더 나은 본향을 사모하는데, 그곳이 바로 하늘에 있는 겁니다.

하늘의 설계도를 아브라함이 봤습니다. 이후에 다윗도 봤습니다. 그리고 사도 요한도 봤습니다. 사도 요한이 본 계시가 바로 하늘의 설계도, 새 예루살렘입니다. 이 설계도가 언제 만들어진 것일까요? 창조 전입니다. 창조 전에 이 설계도가 만들어졌습니다.

사람이 집을 지을 때 계획 없이 짓지 않습니다. 마음속에 집을 짓고자 하는 구상이 생기면 설계 사무소를 찾아가 자신이 원하는 대로 설계도를 그려달라고 부탁합니다. 그리고 완성된 설계도를 가지고 건설업체를 찾아가 드디어 집을 짓는 공사가 시작됩니다. 그와 동일하게 하나님도 이 세상을 창조하시기 전에 먼저 설계도를 그리셨습니다.

감춰진 비밀

이것은 만세 전에 감추어져 있던 비밀입니다. 하나님의 비밀인 겁니다. 모든 성경에 감춰진 비밀입니다. 이것을 성령으로만 볼 수 있습니다. 우리의 눈이 열려야 됩니다. **"우리의 눈을 열어주세요."**

하늘의 설계도를 하나님이 창세 전에 완성하시고, 창세기 1장 천지창조를 이루신 목적이 그리스도임을 나타내셨습니다. 사도 바울이 이 사실을 알아냈습니다. 골로새서 1장 16절을 보면, 창세기 1장에서 하나님이 천지창조하는 과정을 이렇게 설명합니다.

"만물이 그에게 창조되되 하늘과 땅에서 보이는 것들과 보이지 않는 것들과 혹은 보좌들이나 주관들이나 정사들이나 권세들이나 만물이 다 그로 말미암고 그를 위하여 창조되었고"(골 1:16).

"만물이 그리스도를 위하여. 만물이 그리스도에 의하여. 만물이 그리스도의 것으로." 천지창조는 세 가지, "그리스를 위하여, 그리스도에 의하여, 그리스도의 것으로" 이루어졌습니다. by Christ, of Christ, for Christ. 이 세 단어가 창세기 1장을 구성한 하나님의 키워드입니다. 사도 바울이 천지창조에서 이걸 발견한 겁니다. 모든 만물의 천지창조는 그리스도를 위하여, 그리스도에 의하여, 그리스도의 것으로 이루어진 겁니다. 하늘의 설계도인 그리스도를 땅으로 내리는 것이 바로 창세기 1장입니다.

아브라함 링컨은 이 세 가지 키워드를 사용해서 세계적인 사람이 되었습니다. 독실한 기독교 신자였던 링컨은 이 세 키워드를 따라서 게티즈버그 연설에서 그 유명한 'By the people, of the people, for the people'라고 선언했습니다. 그는 'Christ'에

'People'을 넣었을 뿐이지, 의미 자체는 예수 그리스도입니다.

이 세 가지를 우리가 따라야 합니다. 이 땅에 이루어지는 개인, 가정, 사업, 뭘 하든지 모든 인간의 삶에 이 세 가지를 붙여야 되는 겁니다. 우리가 누구를 위하여, 누구에 의하여, 누구의 것으로 사는지 바로 알아야 합니다. 여러분과 제가 앞으로 인생을 사는 삶, 가정, 자녀, 목회, 사업, 모든 중심에 이 세 단어를 앞세워야 됩니다. **"예수를 위하여, 예수에 의하여, 예수의 것으로."** 하나님이 우리에게 주신 이 세 가지 키워드를 내 것으로 만들어야 합니다. 아멘!

하나님의 세 가지 키워드로부터 벗어난 사람은 반드시 번영신학에 빠지게 돼 있습니다. 내가 삶의 주인이 되어서 일생토록 하는 모든 일이 그저 나의 성취감 하나만을 채우기 위함이 됩니다. 삶의 주인은 나 자신이 되는 겁니다. 이것은 십계명의 제1 계명인 하나님 외에 다른 신을 섬기지 말라는 말씀을 어기는 겁니다. 목회를 해도 자신을 위해서 자신의 수단과 방법으로 사역합니다.

실제로 오늘날 한국교회의 많은 목회자들이 이같은 혼란에 빠져 있습니다. 1986년까지 한국교회는 오직 예수 그리스도를 위하여 목회해 왔습니다. 하지만 1986년부터 미국의 번영신학이 한국교회로 유입되면서 목회가 세상의 성공을 똑같이 좇기 시작합니다.

'정신력의 기적', '적극적인 사고', '목적이 이끄는 삶', '긍정의 힘'

등이 번영신학의 사상을 강조하기 시작합니다. 교회를 자기의 소유개념으로 삼는 사고가 대한민국을 휩쓸면서 교회가 망하기 시작한 겁니다. 교회는 내 것이 아니라 예수 그리스도를 위하여, 예수 그리스도에 의하여, 예수 그리스도의 것으로 존재합니다.

하늘의 설계도의 최종 목적지는 요한계시록 21장에 등장하는 새 예루살렘입니다. 하나님은 천지를 창조하시기 전에 하늘의 설계도를 그리시고, 시대마다 그것을 하나님의 사람들에게 보여주셨습니다.

사도 요한이 밧모섬에서 본 새 예루살렘은 하나님이 천지를 창조하시고 인류 역사를 경영하시는 최후의 목적지입니다. 지금도 하나님은 새 예루살렘을 완성하시기 위해, 그리스도의 설계도대로 세상을 집행해 나가고 계십니다. 하늘의 새 예루살렘이 땅으로 내려오면, 모든 인류의 역사는 그것으로 끝나게 됩니다. 이것이 성경으로 들어가는 첫 발판입니다.

하나님의 설계도에 따라서 첫째 날에는 빛이 있으라, 둘째 날에는 물과 물이 나누어지라, 셋째 날에는 뭍이 드러나라, 넷째 날에는 주관하라, 다섯째 날에는 번성하라, 여섯째 날에는 다스리라, 일곱째 날에는 안식하라고 말씀하십니다. 대부분의 사람들은 창세기 1장을 읽고, 우주 만물의 창조로만 이해하지만, 이것은 하나님이 천지를 창조하신 의도와 전혀 다른 해석입니다. 이 모든 것은 하늘의 설계도대로 나타난 겁니다.

기도

"이 세상 만물을 창조하신 하나님, 하나님의 천지창조는 하늘의 설계도대로 나타난 것임을 잘 알았습니다. 창세기 1장의 천지창조가 그리스를 위하여, 그리스도에 의하여, 그리스도의 것으로 이루어진 것을 믿습니다. 하늘의 설계도인 그리스도를 땅으로 내리는 것이 바로 창세기 1장 천지창조인 것을 믿습니다. 이 믿음을 잊지 않게 하옵소서. 예수 그리스도의 이름으로 기도하옵나이다. 아멘."

03

/

첫째 날, 빛이 있으라

창세기 1장 1-5절
¹태초에 하나님이 천지를 창조하시니라 ²땅이 혼돈하고 공허하며 흑암이 깊음 위에 있고 하나님의 신은 수면에 운행하시니라 ³하나님이 가라사대 빛이 있으라 하시매 빛이 있었고 ⁴그 빛이 하나님의 보시기에 좋았더라 하나님이 빛과 어두움을 나누사 ⁵빛을 낮이라 칭하시고 어두움을 밤이라 칭하시니라 저녁이 되며 아침이 되니 이는 첫째 날이니라

첫째 날에 하나님께서 뭐라고 하셨습니까? **"빛이 있으라."** 하나님이 천지를 창조하실 때 첫째 날에 왜 빛을 만들었을까? 빛을 네 번째나 다섯 번째에 만들지 않고 왜 첫째 날 만드셨을까? 그리고 왜 일곱 과정을 통해 만드셨을까? 이 일곱 과정이 하늘의 그리스도의 설계도가 땅으로 내려오는 일곱 가지 방법을 알려주는 겁니

다. 바로 일곱 통로인 겁니다. 그래서 창세기의 천지창조의 원리를 알면, 하늘의 그리스도가 제일 먼저 여러분의 심령 속으로 들어옵니다.

따라서 창세기 1장은 세 가지 단계로 되어있습니다. 첫 번째는 자연창조의 일곱 가지 사건입니다. 두 번째는 예수님의 구속사의 일곱 가지 사건입니다. 세 번째는 성도의 심령에 나타나는 일곱 가지 사건입니다.

빛 되신 예수

창세기 1장에 기록된 말씀, 하나님이 태초에 천지를 창조하시기 이전에 땅은 혼돈, 공허, 흑암으로 덮여 있었습니다. 이때 하나님이 빛이 있으라 말씀하시니 빛이 있었습니다. 이렇게 자연창조를 시작하셨습니다.

그런데 첫째 날의 사건인 '빛이 있으라'의 빛은 자연적인 빛이 아닙니다. 자연적인 빛은 네 번째 날에 나옵니다. 첫째 날의 빛은 예수를 나타냅니다. **"첫째 날의 빛은 예수."** 빛이 예수라는 것은 요한복음 1장에 나옵니다. 요한복음 1장 1절에서 9절을 읽어봅시다.

"태초에 말씀이 계시니라. 이 말씀이 하나님과 함께 계셨으니 이 말씀은 곧 하나님이시니라. 그가 태초에 하나님과 함께 계셨고 만물이 그로 말미암아 지은바 되었으니 지은 것이 하나도 그가 없이는 된 것이 없느니라. 그 안에 생명이 있었으니 이 생명은 사람들의 빛이라. 빛이 어두움에 비취되 어두움이 깨닫지 못하더라. 하나님께로서 보내심을 받은 사람이 났으니 이름은 요한이라. 저가 증거하러 왔으니 곧 빛에 대하여 증거하고 모든 사람으로 자기를 인하여 믿게 하려 함이라. 그는 이 빛이 아니요 이 빛에 대하여 증거하러 온 자라. 참빛 곧 세상에 와서 각 사람에게 비취는 빛이 있어나니"(요 1:1-9).

사도 요한이 빛 되신 예수님을 이야기합니다. **"빛 되신 예수."** 창세기 1장에 하나님이 천지를 창조하시면서 첫 번째 선언하신 '빛이 있으라'는 말씀은 세상을 창조하신 하나님, 하늘의 하나님 예수 그리스도가 사람으로 이 땅에 태어난다는 겁니다. 천지를 창조하신 하나님이 사람의 육체를 입고 이 땅에 오신다는 겁니다. 태양은 넷째 날에 만들어졌기 때문에 이 빛은 자연의 물리적 빛이 아니라, 요한복음 1장의 빛을 말합니다. 사노 바울노 이걸 알아차렸습니다.

고린도후서 4장 4-6절을 읽어봅시다.

"그 중에 이 세상 신이 믿지 아니하는 자들의 마음을 혼미케 하여 그리스도의 영광의 복음의 광채가 비취지 못하게 함이니 그리스도는 하나님의 형상이니라. 우리가 우리를 전파하는 것이 아니라 오직 그리스도 예수의 주 되신 것과 또 예수를 위하여 우리가 너희의 종 된 것을 전파함이라. 어두운데서 빛이 비취리라 하시던 그 하나님께서 예수 그리스도의 얼굴에 있는 하나님의 영광을 아는 빛을 우리 마음에 비취셨느니라"(고후 4:4-6).

하나님께서 어두운데서 빛이 비취리라고 하시던 때가 언제라고 합니까? 천지창조입니다. 지금 사도 바울이 창세기 1장을 이야기하고 있는 겁니다.

어두운 데서 빛이 있으라 하시던 하나님께서 예수 얼굴에 있는 빛을 우리의 마음에 비쳤다는 말씀은 창세기 1장에 기록된 천지창조의 일곱 과정이 예수 그리스도를 설명한다고 하는 것을 사도 바울이 알고 있는 겁니다.

천지창조에는 천지창조의 과정과 예수 그리스도의 사역을 설명하고 있습니다. 그리고 그것이 우리 속에 이어진다는 것을 이야기합니다. 천지창조 일곱 과정이 사람의 마음속에 비취는 겁니다. 이렇게 창세기 1장에서 첫째는 천지창조 과정, 둘째는 예수 그리스도의 구속사, 셋째는 우리의 심령 속에 이루어지는 것을 이야기합니다. 창세기 1장의 복음의 첫 단추입니다.

요한복음 1장 1절을 읽어봅시다.

"태초에 말씀이 계시니라 이 말씀이 하나님과 함께 계셨으니 이 말씀은 곧 하나님이시니라"(요 1:1).

이게 복음의 첫 단추입니다. 하나님은 천지창조에 첫째 날에 복음의 첫 단추를 넣은 겁니다. 그리스도께서 육체로 오신 것을 인정하는 영마다 하나님의 영입니다. 복음이 뭡니까? 이 세상을 창조하신 하나님이 사람의 육체를 입고 마리아의 몸을 빌려 사람으로 이 땅에 오셨다는 것이 복음의 첫 선언입니다. 우린 이걸 기억해야 합니다.

사탄이 제일 두려워하는 것이 바로 복음을 선포하는 겁니다. 사탄은 예수가 하나님의 아들, 하나님의 본체로서 사람의 육체를 입고 왔다는 것을 인정하지 않습니다. 삼위일체 하나님을 무너뜨리려고 합니다. 사탄이 이렇게 방해하는 것을 우리는 거꾸로 계속 선언해야 됩니다.

복음의 첫 단추를 우리의 입으로 시인하고 계속 주장하면 어두움을 이깁니다. 예수가 이 세상을 창조하신 하나님이 사람의 육체를 입고 이 땅에 오셨다는 고백을 해도 우리 안에 빛이 들어옵니다. 빛이 들어오니 어두움이 물러갑니다. 내 안에 있던 사탄이 물러간다는 말입니다. 믿습니까?

로고스

우리의 입술이 예수 그리스도가 이 땅에 사람으로 오신 이 복음의 원리를 설명할 줄 아는 능력이 우리에게 필요합니다. 요한복음 1장에서 예수를 설명하지 못한 사람들은 반쪽자리 복음입니다. 그 사람은 예수를 제대로 설명 못하는 겁니다.

"태초에 말씀이 계시니라"에서 말씀은 원래 로고스(logos)입니다. 태초에 로고스가 계시니라. 그런데 이 로고스가 우리나라 말로 번역할 말이 없어서 말씀이라고 했습니다.

제가 이 로고스라는 단어 하나를 가지고 서울대학교 철학과 교수하고 6개월을 토론했습니다. 이 로고스는 원래 성경 용어가 아닙니다. 헬라어인데, 원래 헬라인들이 쓰는 말을 성경에서 써먹은 겁니다. 사도 요한이 예수님의 별명으로 써먹은 겁니다. 사도 요한이 예수란 좋은 이름 있는데, 왜 로고스란 이름을 빌려왔을까?

위대하신 하나님이 이 세상에 사람으로 오시기 전에 하나님이 자기의 이름을 먼저 지어놨습니다. 두 가지 이름을 지었습니다. 히브리식 이름이 예수(여호수아)입니다. 그 다음에 이방의 이름 헬라식 이름도 지어놨습니다. 그것이 바로 로고스입니다. 예수의 이름이 뜻이 뭡니까? "자기 백성을 죄에서 구원할 자"입니다. 그럼 로고스는 어떻게 생겼을까요? 그걸 알려드릴 겁니다.

요한복음 1장을 말씀 대신 로고스를 넣어서 읽어봅시다.

"태초에 로고스가 계시니라. 이 로고스가 하나님과 함께 계셨으니 이 로고스가 곧 하나님이시니라. 그가 태초에 하나님과 함께 계셨고 만물이 그로 말미암아 지은바 되었으니 지은 것이 하나도 그가 없이는 된 것이 없느니라."

그러니까 로고스, 즉 예수가 구속의 주가 되기 전에 먼저 하나도 그가 없이 된 것이 없다는 말입니다. 로고스는 창조주라는 말입니다. 구속의 주가 되기 전에 창조주라는 것을 말하는 겁니다. 이 세상의 모든 것을 누가 만들었습니다. 하나님, 로고스, 다시 말해서 예수가 만든 겁니다. 만물이 하나도 그가 없이 된 것이 없습니다. 이 세상에 존재하는 모든 것은 다 예수가 만든 겁니다. 존재하는 모든 원료를 창조주이신 하나님과 예수님 때문에 생겨난 겁니다.

민족마다 민족성이 다 다릅니다. 우리나라는 다른 나라에서 볼 수 없는 '정'이라는 독특한 민족성이 있습니다. 고대의 헬라 사람들에게도 독특한 민족성이 있었습니다. 그건 바로 '생각의 민족'입니다. 생각을 깊이 하는 이 독특한 민족성에서 헬레니즘이라는 인류사의 큰 통로를 만들어냈습니다. 이들은 시시한 생각을 하는 게 아닙니다. 저녁에 사랑방에 모여서 돌멩이 하나를 주워놓고 토론을 합니다. 돌멩이를 보면서 자기 생각을 꺼내서 오랫동안 이야기를 합니다. 이런 문화가 나중에 철학의 심포지엄(symposium)으로 발전합니다. 그리고 토론 주제가 신학적 주제로 바뀌어 갈 때 세미나(seminar)로 바뀌고, 나중에 포럼(forum)으로 바뀐 겁니다.

우리나라 사람도 서로 이야기하는 것 좋아합니다. 그런데 우리는 사랑방입니다. 주제가 심오한 게 아닙니다. 그냥 일상생활 이야기를 합니다. 그런데 헬라 사람들의 주제는 이 세상에 만물의 근원을 찾는 심오한 것들이었습니다. 만물의 원인은 뭘까? 이런 철학적인 주제로 이야기를 했습니다. 헬라 사람들이 수백 년의 시간을 통해서 이 세상의 모든 만물이 존재하는 원인이 있다는 것을 발견합니다. 존재하는 것들의 원인을 찾아올라간 겁니다. 제일 먼저 존재하는 것, 그걸 말하는 겁니다. 모든 존재물 앞에는 그 이유가 있다고 말입니다.

과학에서 빅뱅 우주론을 이야기 하며 우주의 기원 가설을 세웠는데, 태초에 모든 에너지가 한 점에 모여 있었는데, 이게 대폭발을 일으켜서 우주를 형성했다고 말합니다. 또 아리스토텔레스가 존재의 제 1원인을 이야기하는데, 그것에 대해 자세하게 설명을 못합니다. 마지막에는 모른다는 겁니다.

여기에서 로고스라는 말이 나옵니다. 이 세상의 최초의 원인을 이야기하다가 맨 처음 시작하는 것을 로고스라고 이야기했습니다. 문에 보이지 않는 어떤 존재, 어떤 힘이 있다는 것을 알겠는데, 그게 뭔지는 모르지만 로고스라고 부른 겁니다. 헬라 사람들이 그걸 하나님까지 생각을 하지 못했지만, 어쨌든 눈에 보이지 않는 존재의 근원을 로고스라고 했습니다. 하나님의 특별계시가 임하지 않았음에도 인간의 이성으로 하나님의 존재를 느끼고 발견한 겁니다. 그게 바로 로고스입니다.

성경은 헬라인들이 발견한 존재의 제1원인인 '로고스'가 히브리식 존재의 제1원인인 '데오스(하나님)'라고 말하고 있습니다.

헬라 사람들이 로고스라는 개념에 도달한 것은 매우 뛰어난 일이지만, 사람의 방식으로는 하나님을 발견할 수 없기 때문입니다. 인간은 그 앞에 존재의 원인이 있지만, 하나님은 스스로 존재하시는 분입니다(출 3:14). 그래서 하나님은 인간의 존재 원리로 발견될 수 없습니다. 하나님이 인간에게 스스로를 계시해 주실 때만이 인간은 하나님을 알 수 있습니다. 그래서 하나님은 헬라인들에게 사도 요한을 보내주십니다.

사도 요한이 에베소교회에 갔을 때 에베소 지역에 전도하러 다니다가 '로고스'의 철학을 접하게 됩니다. 사도 요한이 로고스의 이야기를 듣고, 이 사람들에게 새로운 하나님이란 단어를 말할 필요가 없겠구나 하는 생각을 하고 헬라 사람들의 로고스를 그대로 인정하면서 로고스를 데오스(하나님)라고 부른다고 말합니다.

"너희들이 말하는 로고스가 바로 데오스(하나님)야. 히브리인들이 말하는 엘로힘이랑 똑같은 거야."

이게 바로 요한복음 1장 1절에 나타난 겁니다.

"태초에 너희들이 알고 있는 로고스, 데오스가 계셨는데, 그 로고스가 하나님과 함께 계셨어."

헬라사상의 로고스는 어떤 운동 에너지의 비인격체였는데, 사도 요한에 의해서 로고스가 인격체로 바뀌게 된 겁니다.

"그 로고스가 사람으로 왔는데, 바로 예수야. 너희는 로고스 봤어. 나는 사람으로 온 로고스 예수를 봤지. 직접 만져봤어. 눈으로 봤다니까."

요한일서 1장 1절을 읽어봅시다.

"태초부터 있는 생명의 말씀에 관하여는 우리가 들은 바요 눈으로 본 바요 주목하고 우리 손으로 만진 바라"(요일 1:1).

귀로 듣고, 눈으로 보고, 손으로 만졌다고 하니까, 헬라사람들이 로고스를 보겠다고 하는 겁니다. 그런데 지금은 없습니다. 로고스이신 예수님은 부활하시고 승천하셨기 때문입니다. 이제 눈으로 보고, 만질 수 없습니다. 하지만 아쉬워할 필요가 없습니다. 로고스가 육체의 옷을 입어 태어났는데, 그 로고스가 죽고 부활해서 다시 눈에 보이지 않는 로고스로 돌아갔습니다.

그런데 그 로고스가 우리 곁에 있습니다. 그 로고스를 우리나라에서는 성령이라고 합니다. **'Holy Spirit,'** 이 로고스가 우리 안에 들어가서, 영접하는 자 곧 그 이름을 믿는 자들에게는 하나님의 자녀가 되는 권세를 주신 겁니다. 요한복음 1장 1-13절을 읽어봅시다.

"태초에 말씀이 계시니라. 이 말씀이 하나님과 함께 계셨으니 이 말씀은 곧 하나님이시니라. 그가 태초에 하나님과 함께 계셨고 만물이 그로 말미암아 지은바 되었으니 지은 것이 하나도 그가 없이는 된 것이 없느니라. 그 안에 생명이 있었으니 이 생명은 사람들의 빛이라. 빛이 어두움에 비취되 어두움이 깨닫지 못하더라. 하나님께로서 보내심을 받은 사람이 났으니 이름은 요한이라. 저가 증거하러 왔으니 곧 빛에 대하여 증거하고 모든 사람으로 자기를 인하여 믿게 하려 함이라. 그는 이 빛이 아니요 이 빛에 대하여 증거하러 온 자라. 참빛 곧 세상에 와서 각 사람에게 비취는 빛이 있어나니 그가 세상에 계셨으며 세상은 그로 말미암아 지은바 되었으니 세상이 그를 알지 못하였고 자기 땅에 자기 백성이 영접지 아니하였으나 영접하는 자 곧 그 이름을 믿는 자들에게는 하나님의 자녀가 되는 권세를 주셨으니 이는 혈통으로나 육정으로나 사람의 뜻으로 나지 아니하고 오직 하나님께로서 난 자들이니라"(요 1:1-13).

이것이 바로 창세기 1장에서 말하는 빛, 바로 로고스라는 말입니다. 하나님의 복음의 시작은 창조하신 하나님, 로고스가 사람의 육체의 옷을 입고 이 땅에 오겠다는 말입니다. 복음의 첫 단추입니다.

이 세상의 모든 만물의 제 1원인을 헬라 사람들은 로고스라고 했습니다. 히브리 사람은 하나님이요, 성부 하나님이 예수님을 이 땅에 보내시고, 그 예수가 우리 죄를 위해 십자가에 못 박혀 죽으시고 부활하셔서 승천하셨습니다. 그리고 우리에게 성령을 주셨습니다. 이 세상을 창조하신 빛이 지금 내 속에 들어오실 때 내가 아멘으로 응답하면, 내가 보았고, 들었고, 만질 수 있는 겁니다.

혼돈, 공허, 흑암

창세기 1장 2절에 보면, 빛이 오기 전에 있었던 것을 말합니다.

"땅이 혼돈하고 공허하며 흑암이 깊음 위에 있고 하나님의 신은 수면에 운행하시니라"(창 1:2).

땅이 혼돈하고, 공허하며, 흑암이 깊음 위에 있다. 혼돈, 공허, 흑암 이 세 가지는 빛이 오기 전에의 상태입니다. 고린도후서 4장 4-6절을 읽어봅시다.

"그 중에 이 세상 신이 믿지 아니하는 자들의 마음을 혼미케 하여 그리스도의 영광의 복음의 광채가 비취지 못하게 함이니 그리스도는 하나님의 형상이니라. 우리가 우리를 전파하는 것이 아니라 오직 그리스도 예수의 주 되신 것과 또 예수를 위하여 우리가 너희의 종 된 것을 전파함이라. 어두운데서 빛이 비취리라 하시던 그 하나님께서 예수 그리스도의 얼굴에 있는 하나님의 영광을 아는 빛을 우리 마음에 비취셨느니라"(고후 4:4-6).

이 세상 신이 믿지 아니하는 자들의 마음을 혼미케 한다고 했습니다. 혼미케 한다는 것을 혼돈, 공허, 흑암의 상태와 비교해 봅시다. 사탄이 인간 마음속에 세 가지 혼돈, 공허, 흑암을 뿌려 넣은 겁니다. 하나님을 믿지 않는 사람들을 무서워할 필요가 없습니다. 아무리 부귀와 권세, 학력이 높더라도 다 깡통이라고 생각하면 됩니다. 왜냐면, 그 곳에 혼미한 영이 있기 때문입니다. 그 안에 혼돈, 공허, 흑암이 가득합니다. 뭔가 다 가진 거 같고 아는 거 같지만, 아무 것도 없고 아무 것도 모릅니다.

사람의 마음속에 혼미의 영이 자리를 잡고 있는 사람들은 절대 로고스를 모릅니다. 로고스를 모르면 우리가 이 세상에 왜 태어났고, 어떻게 살아야 하는지, 죽으면 어떻게 되는지 전혀 모릅니다. 혼미한 영이 가득하면, 채우고 채워도 만족이 없습니다. 사람들이 만족하겠다고 하지만, 더 많은 것을 원합니다. 우주를 넣어도 부족하다고 할 겁니다. 우리 안에 로고스가 들어오면, 꽉 차게 됩니다. 다른 건 필요가 없습니다.

흑암, 어두움이 사람의 마음을 덮고 있는데, 그 어두움을 누가 물리치겠습니까? 네, 빛이 물리칩니다. 빛이신 예수님이 물리칩니다. 그걸 사탄이 아니까 복음의 광채가 비취지 못하게 하는 겁니다.

첫째 날이 임할 때, 성도의 심령 가운데 변화가 일어납니다. 요한복음 14장 6절을 읽어봅시다.

"예수께서 가라사대 내가 곧 길이요 진리요 생명이니 나로 말미암지 않고는 아버지께로 올 자가 없느니라"(요 14:6).

예수님이 우리의 심령 가운데 빛으로 들어오실 때, 삶의 혼돈은 질서로 바뀌고, 공허한 마음은 만족함으로 채워지며, 흑암같이 깜깜했던 삶은 길을 찾게 됩니다. 먼저 삶의 혼돈이 질서로 바뀝니다. 디모데후서 3장 16-17절을 읽어봅시다.

"모든 성경은 하나님의 감동으로 된 것으로 교훈과 책망과 바르게 함과 의로 교육하기에 유익하니 이는 하나님의 사람으로 온전케 하며 모든 선한 일을 행하기에 온전케 하려 함이니라"(딤후 3:16-17).

예수님이 우리 속에 들어오실 때, 3대 질서가 찾아옵니다. 먼저, 가정의 질서가 찾아옵니다. 남편과 아내, 부모와 자녀의 관계에 질서가 잡히고 존중과 사랑이 회복됩니다. 두 번째, 교회의 질서가 찾아옵니다. 목사님과 성도들의 관계에 영적 질서가 잡히고 사랑의 공동체로 세워집니다. 세 번째, 국가의 질서가 찾아옵니다. 국가의 정체성과 권위 질서가 잡힙니다.

두 번째, 공허한 마음은 만족함으로 채워집니다. 고린도후서 3장 5절을 읽어봅시다.

"우리가 무슨 일이든지 우리에게서 난것 같이 생각하여 스스로 만족할 것이 아니니 우리의 만족은 오직 하나님께로서 났느니라"(고후 3:5).

하나님은 사람 속에 하나님의 영, 생기를 불어 넣으셨습니다. 인간의 심령은 하나님이 아닌 어느 것을 넣어도 채워지지 않습니다. 이 공간을 돈으로 채울 수 있을까요? 100억이 있으면 1000억이 갖고 싶은 것이 인간입니다. 돈으로도 절대 채울 수 없습니다. 오직 예수님이 들어오실 때, 그제서야 '딱 맞다'라는 고백이 터집니다. 예수님이 없는 사람은 절대 만족이 없습니다.

세 번째, 흑암같이 깜깜했던 삶은 길을 찾게 됩니다. 시편 119편 105절을 읽어봅시다.

"주의 말씀은 내 발에 등이요 내 길에 빛이니이다"(시 119:105).

성경은 영의 흑암, 마음의 흑암, 물질의 흑암 여러 가지 흑암을 말합니다. 흑암이 우리를 사로잡고 있을 때에는 앞이 보이지 않고 미래가 보이지 않습니다. 인생을 살면서도 무기력하고 의욕이 없고 회의감이 듭니다. 공부를 하면서도 꿈과 미래가 없습니다. 오직 예수 그리스도의 빛만이 깜깜한 흑암을 물리치고 완전한 길과 의미를 줄 수 있습니다.

혼돈, 공허, 흑암은 인간이 죽을 때까지 시달리게 되는 것인데, 빛이신 예수가 오면 이게 모두 뒤집어집니다. 혼돈이 질서로, 공허가 만족으로, 흑암이 의미로 바뀌는 겁니다. 모든 것이 순식간에 돌아서는 겁니다. 예수 그리스도가 사람 속에 와서, 로고스가 내 속에 와서 자리를 잡은 사람들의 입에서 불평과 불만이 사라집니다. 질서와 만족, 의미로 가득 차 있기 때문입니다.

"땅은 너희들이 가져라. 나는 하늘을 가지련다."

이런 고백이 우리의 입술을 통해서 나오는 겁니다. 다른 방법으로 안 됩니다. 예수가 내 속에 오는 길밖에 없습니다. 이것이 완성되는 날이 바로 첫째 날입니다.

(기도)

"우리에게 첫째 날 빛 되신 예수 그리스도를 보내주심을 감사합니다. 하나님의 복음의 시작이 창조하신 하나님, 로고스가 사람의 육체의 옷을 입고 이 땅에 오겠다는 첫째 날을 사모하게 하옵소서. 빛이신 예수님을 내 안에 모셔 혼돈이 질서로, 공허가 만족으로, 흑암이 의미로 바뀌게 하옵소서. 예수님의 이름으로 기도하옵나이다. 아멘."

04

/

둘째 날, 물과 물이 나누어지라

창세기 1장 6-8절

⁶하나님이 가라사대 물 가운데 궁창이 있어 물과 물로 나뉘게 하리라 하시고 ⁷하나님이 궁창을 만드사 궁창 아래의 물과 궁창 위의 물로 나뉘게 하시매 그대로 되니라 ⁸하나님이 궁창을 하늘이라 칭하시니라 저녁이 되며 아침이 되니 이는 둘째 날이니라

천지창조의 둘째 날은 물과 물이 나누어진 날입니다. 물이 나누어진다는 이 말은 모든 만물이 그리스도를 위하여 지어지는 겁니다. 둘째 날 궁창이 있는 것도, 물과 물이 나누어진 것도 그리스도와 관계가 있습니다. **"그리스도를 위하여."**

둘째 날에 물과 물이 나눠진다는 말은 하나님이 사람으로 와서

이 땅에 인간으로 태어났다가 여러분과 나를 위해서 십자가에서 죽는다는 겁니다. 둘째 날의 '나누다'의 히브리어 원어는 '바달(나누어서 구별되다)'로 '카도쉬(거룩)'의 의미를 지니고 있고, 영어로는 'cut(자르다)'입니다.

예수님이 십자가에 못 박혀 죽으시고 성전 휘장이 둘로 찢어질 때, 같은 의미의 단어가 헬라어로 다시 등장합니다. 즉, 천지창조의 둘째 날은 하나님이신 예수님이 이 땅에 사람으로 오셔서 인간의 모든 죄를 대신하여 십자가에서 못 박혀 죽으실 사건을 가리키고 있습니다.

십자가의 죽음

창세기의 신비함이 여기에 드러나기 시작한 겁니다. 구원받은 첫째 날을 통하여 구원이 이루어진 사람들은 둘째 날을 통하여 완전히 겉 사람이 찢어져야 됩니다.

우리 산 자가 항상 예수를 위하여 죽음에 넘겨집니다. 둘째 날에는 죽는 날입니다. 사람이 찢어지고 죽을 때 성화가 됩니다. 거룩하게 된다는 말입니다. 이것이 이루어진 사람들은 입이 열려 '아멘'으로 화답합니다.

아멘으로 화답한다는 것은 나의 자아가 무너지고 하나님의 의지를 내게 심겠다는 겁니다. 아멘을 안 하는 사람은 하나님의 의지가 내 속에 못 들어오는 겁니다. 자기 주관대로 산다 이 말입니다. 아멘으로 화답하는 자가 은혜를 받습니다. 아멘으로 화답하는 자가 죽습니다. 아멘으로 화답하는 사람이 여리고성을 무너트립니다.

물과 물이 나뉘는 것은 성전 휘장이 찢어지는 것을 말하는데, 여러분, 성전의 휘장이 찢어지는 순간, 주님이 십자가에서 무슨 말을 했습니까?

"아버지여, 내 영혼을 받으시옵소서."

예수님도 인간이시기 때문에 자신의 뜻이 있었습니다. 그래서 죽기 싫었습니다, 안 죽고 싶었습니다. 그래서 십자가로 가기 전에 겟세마네 동산에 가서서 하나님께 기도했습니다.

"아버지여, 할 만하시거든, 이 잔을 내게서 옮겨주세요. 십자가가 안 지고 싶어요."

그렇게 인간적으로 매달렸습니다. 그런데 하나님께서 뭐라고 하셨습니까? 안 된다고 하셨습니다.

할 만하시거든, 이 잔을 옮겨달라고 기도했던 예수님은 어떤 마음이었을까? 내적으로 힘겨웠을 겁니다. 그래서 겟세마네 동산에서 기도하셨던 것을 내적 십자가를 지셨다고 이야기합니다. 골고다 언덕의 십자가는 외적 십자가라고 이야기합니다. 사실, 십자가의 속성은 겟세마네 동산에서 다 이루신 겁니다. 골고다의 십자가는 처형당하신 겁니다.

여러분, 겟세마네 동산이 얼마나 힘든지 아십니까? 인간이 하나님 앞에서 자기의 뜻을 내려놓는다는 게 얼마나 힘듭니까? 자기의 뜻, 견해, 의지, 이것 놓기 힘듭니다. 예수님이 하나님께서 기도하실 때 얼굴에서 땀이 흐르는데, 핏방울처럼 흘러내렸다고 합니다. 예수님이 그만큼 인간적으로 감당하기 힘들었다는 겁니다. "나도 인간인데 그것까지 순종해야 되겠냐"는 겁니다.

그러나 하나님은 우리에게 거기까지 내려놓으라고 말하시는 겁니다. 하나님의 뜻 앞에서 말입니다. 그런데 오늘날 이게 안 되는 겁니다. 자아를 내려놓지 못합니다. 자아가 만세반석이라서 절대 안 내려놓습니다.

자기의 뜻을 내려놓는 것이 힘든 건 사실입니다. 왜냐면, 그것이 혼적 생명이기 때문입니다. 자기가 죽는 것 같은 고통을 느끼는 겁니다. 그래서 내려놓기를 거부하는 겁니다. 내려놓기를 못하니까 복음이 딱 거기서 멈춰버립니다. 둘째 날 과정에서 멈춰버립니다.

여기서 여러분이 그냥 넘어가면 안 됩니다. 바울이 갈라디아 2

장 20절에서 죽음의 신앙에 대해서 이야기합니다.

"내가 그리스도와 함께 십자가에 못 박혔나니 그런즉 이제는 내가 산 것이 아니요 오직 내 안에 그리스도께서 사신 것이라 이제 내가 육체 가운데 사는 것은 나를 사랑하사 나를 위하여 자기 몸을 버리신 하나님의 아들을 믿는 믿음 안에서 사는 것이라"(갈 2:20).

바울은 내가 그리스도와 함께 십자가에 못 박혔다고 이야기합니다. '박힐 것이다'가 아니라 '박혔다'는 과거 완료형입니다. 그리스도와 함께 죽은 겁니다. 이제는 내가 산 것이 아니고, 내 안에 그리스도께서 사신 것이라고 고백합니다. 아멘, 할렐루야!

교회 일을 한다고 주의 일을 한다는 것이 아닙니다. 열심히 한다고 교회 부흥 될 것 같으면, 그럼 누가 열심히 안 하겠습니까? 열심히 한다고 교회 부흥 되는 게 아닙니다. 하나님은 나의 영적 상태에 따라서 하나님은 나를 쓰게 돼 있습니다. 그러니까 둘째 날에 이 **"죽음의 연합"**이 안 된 사람에게는 주님이 복음의 일을 맡길 수가 없습니다. 맡겨 봐도 사고 친단 말입니다. 안 된단 말입니다.

그럼 뭘 어떻게 죽으라는 이야기입니까? 예수님처럼 죽으라는 겁니다. 예수님이 모든 것의 표본입니다. 예수님이 겟세마네 동산에 가서 뜻, 견해, 의지를 내려놓았습니다. 사도 바울도 그랬습니다. 우리 성도가 항상 예수를 위하여 죽음에 던지라고 합니다.

뭘 죽음에 던지면 됩니까? 뜻, 견해, 의지를 죽음에 던지는 겁니다. 죽음에 던지는 것은 예수님의 생명이 또한 우리에게 나타나게 함입니다. 아멘.

이게 복음의 제일 핵심입니다. 십자가의 도의 제일 핵심입니다. 이걸 믿습니까? **"죽자, 또 죽자, 확실히 죽자."** 할렐루야. 하나님의 뜻 앞에 나의 뜻이 죽어야 됩니다. 나의 견해가 죽어야 됩니다. 나의 의지를 죽어야 됩니다.

첫째 날의 역사는 사람이 입으로 예수님을 '주여'라고 시인하고 영접하면, 빛인 예수님이 사람 속에 단번에 들어오십니다(롬 10:9-10). 하지만 단번에 오는 첫째 날의 빛과 달리, 둘째 날의 죽음은 긴 시간이 걸립니다. 수많은 시행착오를 거치면서 이루어지고, 사람마다 그 기간은 다릅니다. 어떤 사람은 50년, 10년, 5년, 1년, 혹은 하루 만에 끝날 수도 있습니다.

둘째 날이 임하기 위해서는 성전의 휘장이 찢어지듯이 내가 찢어져야 합니다. 성전 휘장이 찢어져야 지성소의 하나님이 보이고, 궁창 아랫물과 윗물이 찢어져야 하늘이 보이는 것처럼, 인간의 자아가 죽지 않으면 하나님을 볼 수 없습니다. 예수님을 영접하고 가장 힘든 것이 바로 둘째 날입니다.

자아의 죽음이 일어난 사람 속에는 예수님이 사람을 세상과 분리시키는 작업을 시작하십니다. 할 말과 하지 말아야 할 말을 분리시키시고 할 행동과 하지 말아야 할 행동을 분리시키시고 세상의 드라마, 음악, 쾌락이 싫어지면서 세상과 분리시키십니다.

사람의 말만 들어봐도 그 사람이 세상과 분리되어 있는지 혹은 아닌지 알 수 있습니다. 세상과 분리되지 않은 사람은 아무리 온유하게 말을 해도 듣는 사람으로 하여금 피곤하게 만듭니다. 하지만 세상과 분리된 사람은 비록 그 말이 거칠어도 평안과 기쁨이 넘치기 때문에 사람들이 듣기를 좋아합니다.

선악과의 반납

성경은 '우리 산 자'가 죽음에 넘겨져야 한다고 말합니다. 고린도후서 4장 11절을 읽어봅시다.

"우리 산 자가 항상 예수를 위하여 죽음에 넘기움은 예수의 생명이 또한 우리 죽을 육체에 나타나게 하려 함이니라"(고후 4:11).

아담과 하와가 선악과를 따먹은 순간, 모든 인간 속에는 살아서는 안 될 자아가 생겼습니다. 성경은 이것을 가리켜 '산 자'라고 합니다. 선악과를 따먹음으로써, 모든 인간은 태어날 때부터 하나님의 뜻으로부터 독립된 뜻을 가지게 되었습니다. 성경은 우리 산자가 항상 예수를 위하여 죽음에 넘겨짐은 예수님의 생명이 우리 속에 나타내기 위함이라고 말합니다. 예수님의 생명을 나타내기 위해, 우리의 자아를 하나님 앞에 계속 죽여야 한다는 겁니다.

사람이 죽어서 천국에 가면 100만 명의 구원받은 성도가 있어도 뜻은 딱 한 가지입니다. 이와 같이, 선악과를 따먹기 전에는 에덴동산에 사람이 만 명이 살아도 뜻은 딱 한 가지였습니다.

하지만 선악과의 타락 이후 태어난 모든 인간은, 같은 뱃속에서 태어난 쌍둥이일지라도, 뜻이 다 다릅니다. 두 명의 사람이 있으면 두 가지의 뜻이 존재하고, 100명의 사람이 있으면 100가지의 뜻이 존재한다는 겁니다.

하지만 둘째 날의 역사는 선악과를 하나님에게 반납하는 겁니다. 독립된 뜻을 하나님의 뜻 앞에 죽이는 겁니다. 그래서 구원받은 우리가 독립된 뜻을 죽이지 못할 때, 우리 속에 들어와 계시는 성령님이 고난을 허락하십니다. 국가를 치시고, 사업을 치시고, 가정을 치시고, 자녀를 치십니다. 인간은 고난이 와야 쪼개지기 때문입니다.

횃불의 역사가 나타나기 위해서 기드온의 항아리를 깼듯이, 우리의 삶 속에 하나님의 능력이 나타나기 위해서는 우리의 겉사람을 쪼개야 합니다. 마리아의 옥합이 깨져야만 온 집이 향기로 진동했듯이, 우리의 겉사람이 깨져야만 우리 안에 있는 예수님의 향유가 밖으로 퍼져나가서 사람들로 하여금 예수님의 향기를 맡게 할 수 있습니다.

자아의 죽음을 위해서는 세 가지 순종을 반드시 통과해야 합니다. 첫 번째가 십일조입니다. 십일조를 안 하는 사람은 절대 둘째 날을 통과한 사람이 아닙니다. 돈에 자기의 뜻이 들어가 있습니다. 그러니까 십일조 안 한 사람은 둘째 날 못 지난 겁니다. 그 사람은 인생 망합니다. 그건 잘 될 수가 없습니다. 죽으면 그냥 부끄러운 구원만 받고 말아야 되는 겁니다. 십일조가 쉽지 않습니다. 얼마나 사탄이 유혹하는지 십일조가 쉽지 않습니다.

두 번째는 주일성수입니다. 주일성수도 쉽지 않습니다. 이것도 꼭 1년 52주 중에 한두 번은 빠집니다. 사탄이 가만 안 있습니다. 율법 하나를 범한 자는 전체를 범한 자와 같다는 말처럼 한두 번을 범하게 됩니다. 자신의 뜻, 견해, 의지가 죽어야 1년 52주 주일성수를 할 수 있습니다.

그리고 세 번째는 멘토 앞에서 뜻, 견해, 의지를 내려놓는 겁니다. 보이지 않는 하나님 앞에서는 다 잘한다고 그럽니다. 그런데 멘토 앞에서 뜻, 견해, 의지를 내려놓는 건 쉽지 않습니다.

멘토라는 단어는 고대 헬라 시대에서 유래되었습니다. 고대 헬라의 어느 장군이 싸움에 출전해야 하는데 자신에게 7살 된 아들이 있었습니다. 살아서 돌아올 확률이 희박하기 때문에 장군은 자신의 스승에게 어린 아들을 부탁합니다.

장군은 전쟁에 나가 국가를 위해 목숨을 바치게 되고, 나이가 많은 스승은 제자의 어린 아들을 입양하여 정성으로 키웁니다. 이 스승을 가리켜 '멘토'라고 합니다. 7살 아들은 멘토 할아버지에게 100% 순종합니다. 멘토가 아침에 일어나라고 하면, 벌떡 일어납니다. 멘토가 옷을 입으라고 하면 즉시 순종합니다.

멘토가 있는 인생과 멘토가 없는 인생은 하늘과 땅 차이입니다. 이것은 일반적 삶뿐만 아니라 신앙생활에는 더더욱 그렇습니다. 신앙생활은 개인의 힘과 노력으로 성공하는 것이 아닙니다. 반드시 나를 끌어올려 주는 영적 멘토가 있어야 합니다.

하지만 멘토는 아무에게나 주어지는 것이 아닙니다. 그렇다면 어떤 사람에게만 멘토가 생길까요? 내가 아무리 생각해봐도 내 생각이 맞고, 기도를 해봐도 내 생각이 맞고, 성경을 읽어봐도 내 생각이 맞고, 상담을 해봐도 내 생각이 맞고, 기독교 방송을 들어봐도 내 생각이 맞아도, 멘토가 '아니야'라고 했을 때, 그 말을 받아들이는 자만이 멘토가 생기는 겁니다.

우리가 왜 영적 멘토 앞에 나의 뜻을 내려놓아야 하는지 아십니까? 우리가 하나님 앞에 뜻을 반납하려면 반드시 실제적 대상이 있어야 하기 때문입니다. 하나님의 뜻 앞에 내 뜻을 내려놓는 이 추상적인 개념을 실제화 시키는 것이 바로 영적 멘토 앞에 내 뜻을 내려놓는 겁니다. 예수님도 하나님에게 자신의 뜻을 내려놓으신 것 같이 성도들도 자신의 뜻을 내려놓을 영적 멘토가 있어야 합니다. 그래서 하나님은 성도들 위에 목사님을 영적 멘토로 세우신 겁니다.

어떤 성도들은 목사님도 인간이기 때문에 불완전하다며 목사님에게는 순종할 수 없다고 말합니다. 하지만 주인이 밭에 세워둔 생명없는 허수아비를 보고도 새들이 무서워하는 것처럼, 목사님이 아무것도 아닌 것 같아 보일지라도 목사님이 강대상에 서면 사단이 무서워서 도망갑니다. 이것은 능력의 문제가 아니라, 권위의 문제이기 때문입니다. 하지만 성경은 이에 대해 이미 말하고 있습니다.

사무엘상 1장에 에브라임 지파 사람 엘가나가 등장합니다. 그에게는 브닌나와 한나라는 두 아내가 있었는데, 하나님이 한나의 태를 닫으셨으므로 브닌나는 한나를 심히 괴롭혀 근심케 합니다. 한나는 남편 엘가나의 사랑을 전부 받았지만 마음이 괴로워서 실로에서 하나님에게 통곡하며 기도합니다. 그리고 하나님이 아들을 주시면 그 아이를 하나님에게 드리겠다고 서원합니다. 이렇게 마음속으로 기도하는데 한나의 입술은 움직이지만 소리가 들리지 않는 것을 보고 엘리 제사장은 그녀가 술에 취한 줄로 알고 그녀를 책망합니다.

사무엘상 1장 13-14절을 읽어봅시다.

"한나가 속으로 말하매 입술만 동하고 음성은 들리지 아니하므로 엘리는 그가 취한줄로 생각한지라 엘리가 그에게 이르되 네가 언제까지 취하여 있겠느냐 포도주를 끊으라엘리가 그에게 이르되 네가 언제까지 취하여 있겠느냐 포도주를 끊으라"(삼상 1:13-14).

이에 한나는 어떻게 반응했는지 아십니까? 계속해서 15-16절을 읽어봅시다.

"한나가 대답하여 가로되 나의 주여 그렇지 아니하니이다 나는 마음이 슬픈 여자라 포도주나 독주를 마신 것이 아니요 여호와 앞에 나의 심정을 통한것 뿐이오니 당신의 여종을 악한 여자로 여기지 마옵소서 내가 지금까지 말한 것은 나의 원통함과 격동됨이 많음을 인함이니이다"(삼상 1:15-16).

한나는 겸손한 자세로 자신의 사정을 엘리 제사장에게 설명합니다. 자신은 술에 취한 것이 아니라 슬픈 마음을 하나님에게 쏟아 놓은 것뿐이라고 말합니다.

사무엘상 1장 17-18절을 보시면, 한나의 말을 들은 엘리 제사장은 그녀의 기도가 하나님에게 응답받기를 축복해주고, 이에 한나는 엘리 제사장의 축복기도를 붙잡고 그날로부터 근심 빛이 사라집니다.

"엘리가 대답하여 가로되 평안히 가라 이스라엘의 하나님이 너의 기도하여 구한 것을 허락하시기를 원하노라 가로되 당신의 여종이 당신께 은혜 입기를 원하나이다 하고 가서 먹고 얼굴에 다시는 수색이 없으니라"(삼상 1:17-18).

그리고 한나는 결국 기도의 응답으로 아들 사무엘을 얻습니다. 비록 엘리 제사장이 영적으로 무지하여 자신이 열심히 기도하고 있는 것도 알아보지도 못하고, 아들인 홉니와 비느하스도 제대로 키우지 못하고, 하나님의 은총이 거두어졌어도, 한나는 엘리 제사장에게 복종합니다.

오늘날의 성도들은 지식 수준이 높아져서 자신의 견해대로 목사님을 판단하고 지적합니다. 하지만 불완전하지만 하나님이 세우신 주의 종에 복종하는 사람에게는 기도하고 구하는 바가 이루어지는 축복을 받습니다. 그것이 한나의 삶이었습니다.

예수님이 가장 책망했던 사람들은 바리새인들이었습니다. 예수님은 바리새인들을 향하여 마태복음 23장 33절의 말씀처럼 책망하십니다.

"뱀들아 독사의 새끼들아 너희가 어떻게 지옥의 판결을 피하겠느냐"(마 23:33).

하지만 그들을 격렬하게 책망하면서도 이렇게 말씀하십니다.

"무엇이든지 그들이 말하는 바는 행하고 지키되 그들이 하는 행위는 본받지 말라"(마 23:3).

즉, 말만 많고 행하지 않는 바리새인일지라도 가르칠 때만큼은 사람들을 옳은 길로 인도하려고 하기 때문입니다.

하나님 앞에는 누구든지 자신의 뜻을 내려놓겠다고 말합니다. 하나님의 뜻은 추상적이기 때문입니다. 하지만 하나님의 뜻 앞에 나의 뜻을 진정 내려놓기를 원하는 사람은 하나님이 세우신 영적 멘토 앞에 내려놓아야 합니다. 목자 앞에 자신의 뜻을 내려놓지 않는 사람은 절대 하나님 앞에 내려놓지 않습니다.

그래서 대부분의 사람들은 이 마지막 단계에서 와서 전부 불순 종합니다. 아무리 동해물과 백두산이 마르고 닳도록 예수님을 믿고, 성경을 연구하고, 성경을 암송해도 십자가의 도에 접근하지 않은 신앙생활은 전부 헛방입니다. 크게 쓰임 받는 사람과 그렇지 못한 사람은 큰 차이가 있는 것이 아니라, 오히려 99%가 동일합니다. 그런데 다 와서 이 마지막 한 술을 넘기지 못해서 인생이 판가름 나는 겁니다.

결국 모든 신앙생활의 끝은 십자가에서 나 자신을 내려놓는 것인데, 이것은 하나님 앞에만 내려놓는 것이 아니라 영적 멘토 앞에 내려놓는 겁니다.

영적 멘토에게 순종한다는 것은 쉬운 일이 아닙니다. 하지만 반드시 순종해야만 둘째 날을 통과할 수 있습니다.

고린도후서 1장 20절을 읽어봅시다.

"하나님의 약속은 얼마든지 그리스도 안에서 예가 되니 그런즉 그로 말미암아 우리가 아멘 하여 하나님께 영광을 돌리게 되느니라"(고후 1:20).

독립된 자아를 파쇄하기 위해 가장 중요한 것이 설교를 들을 때 '아멘'이라고 고백하는 겁니다. 아멘은 히브리어로 '참으로 그리하다'라는 의미로, 내 뜻이 아니라 하나님의 뜻대로 살겠다는 고백입니다. 그러므로 아멘이라고 말할 때 내 자아는 무너지고, 하나님의 뜻이 내 속에 들어옵니다. 하지만 아멘을 하지 않는 사람은 아직도 겉 사람이 견고한 겁니다.

목사님의 설교가 마음에 들면 아멘을 하고, 마음에 들지 않으면 아멘을 하지 않는 사람은 아직도 자아가 싱싱하게 살아있다는 겁니다. 이런 사람에게는 성령님이 역사할 수 없습니다. 목사님의 책망이 떨어져도 아멘으로 화답해야 독립된 자아가 무너지고 둘째 날의 역사가 시작됩니다. 그러므로 아멘을 많이 해야 합니다.

제가 김홍도 목사님 앞에서 '나는 죽었네' 하고 딱 누웠습니다. 억울한 상황이었습니다. 그런데 변명하지 않고 그냥 내 뜻, 견해, 의지를 내려놓고 누웠습니다. 그랬더니 제게 부활의 역사가 일어났습니다. 자신의 뜻, 견해, 의지를 내려놓고 십자가 제단에 누우면, 우리에게 부활의 역사가 일어났습니다. 어설픈 죽음이 아님니다. 확실한 죽음입니다.

　제단 위에 어린양처럼 완전히 죽어야 합니다. **"확실히 죽자."** 그래야 셋째 날이 우리에게 찾아옵니다. 나의 뜻, 견해, 의지가 확실히 죽어야 합니다. 내 것이 아니라 주님의 것입니다.

> (기도)
>
> 　"천지창조 둘째 날을 우리에게 주셔서 감사합니다. 십자가의 죽음으로 우리를 구원하신 예수님처럼 선악과를 반납하고 내 뜻, 견해, 의지를 내려놓고 하나님께 나아가게 하옵소서. 확실히 죽어서 내 것이 아니라 주님의 것임을 고백하게 하옵소서. 예수님의 이름으로 기도하옵나이다. 아멘."

05

/

셋째 날, 뭍이 드러나라

창세기 1장 9-13절

9하나님이 가라사대 천하의 물이 한곳으로 모이고 뭍이 드러나라 하시매 그대로 되니라 10하나님이 뭍을 땅이라 칭하시고 모인 물을 바다라 칭하시니라 하나님의 보시기에 좋았더라 11하나님이 가라사대 땅은 풀과 씨 맺는 채소와 각기 종류대로 씨 가진 열매 맺는 과목을 내라 하시매 그대로 되어 12땅이 풀과 각기 종류대로 씨 맺는 채소와 각기 종류대로 씨 가진 열매 맺는 나무를 내니 하나님의 보시기에 좋았더라 13저녁이 되며 아침이 되니 이는 세째 날이니라

셋째 날은 뭍이 드러납니다. **'천하의 물이 한곳으로 모이고 뭍이 드러나라.'** 이 뭍이라는 땅 덩어리가 물속에 잠겨 있다가 물 위로 올라오는 겁니다. 셋째 날도 누구를 위하여 지어졌습니까? 그리스도와의 관계가 있는 겁니다. 셋째 날도 피할 수 없습니다. 골

로새서 1장 16절을 읽어봅시다.

"만물이 그에게 창조되되 하늘과 땅에서 보이는 것들과 보이지 않는 것들과 혹은 보좌들이나 주관들이나 정사들이나 권세들이나 만물이 다 그로 말미암고 그를 위하여 창조되었고"(골 1:16).

셋째 날에 뭍이 드러나는 것이 그리스도와 무슨 관계가 있습니까? '뭍이 드러나라'는 원어를 정돈시켰더니, '드러나라'는 말은 이스라엘 백성들이 지켰던 절기 무교절에 나옵니다. 이스라엘 백성들이 무교병이라는 떡을 만들어 땅 속에 3일 묻어놨다가 무교절에 그 떡을 꺼내 먹었습니다.

이스라엘 백성은 무교절을 준비하기 위해 약 일곱 가지 곡식을 다양하게 재배합니다. 이때 모든 곡식은 유기농이어야 하며, 곡식 밭으로부터 동서남북의 2,000 규빗에 해당되는 토지도 전부 유기농 곡식이어야 합니다. 이것은 유기농이 아닌 곡식들이 바람에 날려 유기농 곡식들과 섞이지 않게 하기 위함입니다.

이렇게 정성스럽게 재배한 곡식은 가루로 빻아져서 보자기에 쌓여 땅 속에 3일 동안 묻혀 정화됩니다. 3일이 지난 후에, 이때 위에서부터 붓으로 흙을 털어내면 떡 보자기가 드러나며 눈에 보입니다. 그때 뭍이 드러나라는 말씀과 동일한 단어가 나옵니다. 그런데 무교병이 예수님입니다. 땅 속에 3일 동안 계시다가 부활하신 예수님을 나타냅니다. 그러니까 이것은 예수님이 드러난다는 겁니다.

그리고 예수님이 세례 요한에게 세례를 받을 때, 주님이 물속에 들어갔다가 물 위로 올라올 때 하늘 문이 열리며 성령이 비둘기 같이 임했다고 했습니다. 주님이 요단강에서 물 위로 올라오는 것, 바로 그리스도의 부활을 말하는 겁니다. 그래서 셋째 날은 그리스도의 부활을 말하는 겁니다.

예수 그리스도의 부활

부활을 우리가 잘 알아야 합니다. **"육체의 부활, 심령의 부활, 가정의 부활, 자녀의 부활, 사업의 부활, 물질의 부활."** 셋째 날이 되면 그 사람과 관계된 모든 것이 다 부활합니다. 부활한 사람은 모든 일이 쉽습니다. 시온의 대로가 열립니다.

부활에는 **"영의 부활, 삶의 부활, 최후의 부활"** 세 가지 종류가 있습니다. 먼저, **"영의 부활"**입니다.

요한삼서 1장 2절을 읽어봅시다.

"사랑하는 자여 네 영혼이 잘 됨같이 네가 범사에 잘 되고 강건하기를 내가 간구하노라"(요삼 1:2).

이사야 58장 11절도 읽어봅시다.

"나 여호와가 너를 항상 인도하여 마른 곳에서도 네 영혼을 만족케 하며 네 뼈를 견고케 하리니 너는 물 댄 동산 같겠고 물이 끊어지지 아니하는 샘 같을 것이라"(사 58:11).

우리 속의 영이 부활합니다. 물댄 동산과 물이 끊이지 않는 샘처럼 영이 항상 충만합니다. 나이 많은 할머니일지라도, 영이 부활한 사람은 마치 처녀와 총각이 첫 데이트를 하는 것처럼 얼굴이 늘 생글생글합니다. 이렇게 영이 부활한 사람은 삶 가운데 실제적으로 나타나는 몇 가지 특징이 있습니다.

먼저, 주일이 간절하게 기다려집니다. 주일을 기다리는 재미로 세상을 삽니다. 죽은 영이 부활하면 주일에 대한 자세가 달라집니다.

두 번째는 무시로 기도하게 됩니다. 시간을 정해놓고 기도하는 것이 아니라, 무시로 기도하고 싶어집니다.

세 번째는 말씀이 꿀처럼 달콤해집니다. 목사님이 설교하실 때 옆에 조는 사람에 대하여 '어떻게 이렇게 달콤한 말씀에 졸 수 있을까?'라며 한탄합니다.

네 번째는 만나는 사람마다 대화가 예수로 바뀌게 됩니다. 세상의 이야기로 시작했을지라도, 결국 모든 대화가 예수님에 대한 이야기로 바뀝니다.

다섯 번째는 길 가다가 교회를 다니는 사람을 만나면 너무 반가워집니다. 너무 반가워서 얘기라도 해 보고 싶어집니다.

여섯 번째는 목사님이 너무 좋아집니다. 가족과 형제와 배우자는 저리 가라 할 정도로 목사님이 좋아집니다.

영의 부활 다음에는 **"삶의 부활"**입니다. 영의 부활이 일어나면, 삶 가운데도 부활의 역사가 일어납니다. 삶의 부활에는 여러 가지 종류가 있습니다. 가정의 부활, 자녀의 부활, 사업의 부활, 물질의 부활, 환경의 부활, 사역의 부활 등 모든 영역에서 부활의 역사가 일어납니다. 저게 일을 해도 결과가 평평 터집니다. 남들이 보기에도 좋고, '아, 저 사람은 부활했구나'라는 반응을 듣게 됩니다.

마지막으로 **"최후의 부활"**입니다.

데살로니가전서 4장 13-17절을 읽어봅시다.

"형제들아 자는 자들에 관하여는 너희가 알지 못함을 우리가 원치 아니하노니 이는 소망 없는 다른이와 같이 슬퍼하지 않게 하려 함이라 우리가 예수의 죽었다가 다시 사심을 믿을찐대 이와 같이 예수 안에서 자는 자들도 하나님이 저와 함께 데리고 오시리라 우리가 주의 말씀으로 너희에게 이것을 말하노니 주 강림하실 때까지 우리 살아 남아 있는 자도 자는 자보다 결단코 앞서지 못하리라 주께서 호령과 천사장의 소리와 하나님의 나팔로 친히 하늘로 좇아 강림하시리니 그리스도 안에서 죽은 자들이 먼저 일어나고 그 후에 우리 살아 남은 자도 저희와 함께 구름 속으로 끌어 올려 공중에서 주를 영접하게 하시리니 그리하여 우리가 항상 주와 함께 있으리라"(살전 4:13-17).

가장 중요한 부활은 최후의 부활입니다. 최후의 부활은 예수님이 재림하실 때, 이미 죽어서 천국에 있는 영체가 예수님과 함께 이 땅으로 내려와서 무덤에서 부활한 육체와 합하여 최후의 부활체가 되는 것을 의미합니다. 예수님이 재림하실 때 아직 살아있는 성도들은 그대로 최후의 부활체를 맞이합니다.

이게 바로 인간의 최후의 부활인데, 이 최후의 부활이 일어날 때를 더 섬세하게 써놓은 데가 있습니다.

고린도전서 15장 39-40절입니다.

"육체는 다 같은 육체가 아니니 하나는 사람의 육체요 하나는 짐승의 육체요 하나는 새의 육체요 하나는 물고기의 육체라 하늘에 속한 형체도 있고 땅에 속한 형체도 있으나 하늘에 속한 자의 영광이 따로 있고 땅에 속한 자의 영광이 따로 있으니"(고전 15:39-40).

사도 바울은 성경을 쓸 때 대충 안 쓴 겁니다. 셋째 하늘에 올라가서 한 인간이 엄마 뱃속에서 자리 잡아서 10달 동안 살다가 엄마 물주머니가 "나가" 그럼 인간으로 튀어나와, 제2의 모태인 이 땅에 100년을 살아갑니다. 그러다가 죽어서 영혼은 저 하늘나라가 있고, 육체는 땅속에 썩었다가 주님이 재림할 때 와서 육체와 영혼이 다시 결합하여 부활체로서 되는 이 과정을 사도 바울은 한 눈에 다 본 겁니다.

어느 여전도사의 교회에 유명한 부흥강사님이 초청받아 오셨습니다. 부흥강사 목사님은 일주일 동안 성도들에게 최후의 부활에 대해 설교하셨습니다. 최후의 부활체라는 것을 살면서 처음 들은 여전도사는 그날 집에 돌아가서 잠들기 전에 '주님, 제가 지금 부활하면 제 부활체는 어떤 모습인가요?'라고 기도했습니다.

그런데 그날 밤, 여전도사의 꿈 가운데 예수님이 나타나셔서 '네가 지금 부활하면 이것이 네 모습이란다'라며 짐승의 모습을 보여주셨습니다. 자신의 부활체를 본 이후로, 여전도사는 밥을 먹을 수도 없고, 집에 갈 수도 없었습니다. 여전도사는 3개월 동안 교회에서 통곡하며 회개했습니다. 자신이 그동안 심방 가기 귀찮아서 목사님을 속이고 심방 보고서를 쓴 것과 하나님에게 거짓말 한 모든 죄를 회개했습니다.

그런데 석 달 후에, 여전도사가 교회에서 철야 기도를 하는데 예수님이 또다시 환상을 보여주셨습니다. 환상 중에는 어느 아리따운 처녀가 결혼하는 모습이었습니다. 여전도사는 예수님에게

물었습니다. '주님, 저 신부는 누구인가요?' 신부에게 가까이 다가가보니, 자신의 얼굴이었습니다.

부활의 상태

사도 바울이 가만히 인간의 최후 상태인 부활을 보니까, 똑같이 부활하는 게 아닙니다. 부활의 형체가 사람마다 다릅니다. 이 땅에 80억의 인구가 지문이 같은 사람이 하나도 없습니다. 음성 색깔도 조금씩 다 다릅니다.

주님이 이 땅에 오실 때 죽은 자들이 부활하는데, 부활의 상태가 사람별로 똑같은 사람이 하나도 없습니다. 다 부활이 다른 겁니다. 크게 나누면, 하늘의 빛의 밝기처럼 해의 부활을 하는 사람이 있습니다. 영광의 강도가 해 같다는 겁니다. 달의 부활, 별의 부활을 하는 사람도 있습니다. 부활이 모든 사람에게 똑같지 않다는 걸 알아야 됩니다.

인간 최후의 성공은 '이 땅에서 누가 자식을 잘 키웠냐?' '누가 돈을 많이 벌었냐?' '누가 좋은 아파트에 사느냐?' '누가 자기가 원하는 목적을 다 이루었느냐?' 이게 아닙니다. 인간의 성공과 실패를 결정하는 것은 부활해서 결정이 납니다. 부활해서 내가 어떤 부활을 하느냐에 따라 인간의 모든 경쟁은 거기서 끝납니다.

부활이 인생의 모든 최후의 결론입니다. 주님 오시는 그때, 한 번 부활하는 그 상태로 영원합니다. 부활한 후에 그 상태로 영원히 있는 겁니다. 다시는 변화가 없습니다. 인생 최후의 마지막 결론은 부활한 후에 결정이 납니다. 모두 부활해서 승리하길 바랍니다.

사도 바울은 부활의 상태를 세 개로 나눴습니다. 먼저, **"해의 부활"**입니다. 이건 순교자의 부활입니다. 해의 부활에 가려면, 순교자의 반열에 올라가야 됩니다. 주님이 요한계시록 1장에서 얼굴이 해처럼 빛났다고 했습니다. 주님의 부활, 사도들의 부활, 이 사람들은 해처럼 부활합니다. 사도행전 6장 15절을 읽어봅시다.

"공회 중에 앉은 사람들이 다 스데반을 주목하여 보니 그 얼굴이 천사의 얼굴과 같더라"(행 6:15).

스데반의 얼굴이 순교할 때 빛이 났다고 했습니다. 순교자의 부활이 해의 부활입니다. 어차피 사람이 이 땅에 태어나서 마지막 성공, 실패, 최후의 상태가 부활로 결정된다면 우리는 이 땅에 다른 것은 남한테 다 뒤떨어져도 부활 하나만큼은 우리가 부활해서 이겨야 되지 않겠습니까? 그런데 지금 부활을 최후의 경쟁으로 놓고 사는 사람이 어디 있습니까? 없습니다.

지금 한국 교회에서 부활을 놓고 경쟁하는 사람이 어디 있습니까? 한국 교회가 이래서 무너진다는 겁니다. 이 부활 교리를 이슬람교에서 훔쳐가서 자신의 입맛에 맞게 부활 교리를 비틀었습니다.

누구든지 알라를 위하여 순교하는 사람은 죽은 뒤에 곧바로 천국에서 70명의 예쁜 처녀가 기다리고 있다고 말입니다. 그러니까, 알라를 위해 폭탄 테러를 하는 겁니다. 이런 부활 교리를 가르치니까, 나이에 상관없이 막 죽는 겁니다. 그냥 자원해서 폭탄을 안고 뛰어 들어가서 죽는 겁니다. 70명의 예쁜 처녀가 기다리고 있다는 교리 때문입니다. 부활 교리는 원래 성경에 있는 건데, 그걸 비틀어서 자기 입맛에 맞게 사용한 겁니다.

해의 부활은 놓칠 수 없는 겁니다. 거룩한 욕심을 내보시기 바랍니다. **"해의 부활."** 순교자의 부활, 이 삶을 한 번 살아보려고 노력해봅시다. 사도들이 갔던 그 길, 주님이 갔던 그 길을 따라 가봅시다. 순교자의 사명을 가지고 사는 삶을 살아봅시다. 순교자의 영광, 해의 부활을 위해서 살아봅시다. 순교자가 최고의 복이란 걸 알아야 됩니다.

아멘, 할렐루야! 해의 부활을 이루길 바랍니다. 그런데 해의 부활 참 힘듭니다. 그 다음에는 **"달의 부활"**이 있습니다. 이것도 힘듭니다. 그 다음은 "별의 부활"입니다. 해의 부활과 달의 부활보다 조금 부끄러운 부활이지만, 그래도 괜찮습니다. 그리고 부끄러운 부활도 있습니다. 다니엘 12장 2절을 읽어봅시다.

"땅의 티끌 가운데서 자는 자 중에 많이 깨어 영생을 얻는 자도 있겠고 수욕을 받아서 무궁히 부끄러움을 입을 자도 있을 것이며"(단 12:2).

마지막으로 부활 중에 나쁜 부활이 있습니다. 바로 **"심판의 부활"**입니다. 예수님 믿지 않고 지옥에 영원히 있는 자들도 다 부활을 합니다. 죽은 영혼은 예수님을 믿었든 믿지 않았든 다 부활합니다. 부활의 순서만 다를 뿐입니다. 생명의 부활은 주님이 재림할 때 부활하고, 심판의 부활은 천년왕국 끝난 뒤에 부활합니다.

이 책을 읽는 분들 가운데 한 사람도 심판의 부활은 하지 않기를 바랍니다. 심판의 부활은 인간으로 안 태어나는 게 낫습니다. 큰일 납니다. 심판의 부활은 영원히 이어집니다. 돌이킬 수 없이 한 번 결정이 되면 그 상태로 영원입니다.

부활을 믿는 사람들은 어떻게 되는지 고린도전서 15장 40-41절을 봅시다.

"하늘에 속한 형체도 있고 땅에 속한 형체도 있으나 하늘에 속한 자의 영광이 따로 있고 땅에 속한 자의 영광이 따로 있으니 해의 영광도 다르며 달의 영광도 다르며 별의 영광도 다른데 별과 별의 영광이 다르도다"(고전 15:40-41).

사도 바울은 이렇게 부활의 차이점을 설명합니다. 그리고 곧바로 42절에서 죽은 자의 부활도 이와 같다고 말합니다.

"죽은 자의 부활도 이와 같으니 썩을 것으로 심고 썩지 아니할 것으로 다시 살며"(고전 15:42).

모두 부활의 차이가 있다고 이야기합니다. 지금 죽으면, 어떤 모습으로 부활할까? "해의 영광, 달의 영광, 별의 영광, 별과 별의 영광, 그리고 죽은 자의 부활." 나는 어떤 모습으로 부활할까?

이 세상에 성취하는 것보다 부활 후가 중요합니다. 우리가 어떤 부활체로 부활할지 모르니까 지금 거룩한 결단을 해야 합니다. 먼저 부지런히 심어야 합니다.

히브리서 11장 35절을 읽어봅시다.

"여자들은 자기의 죽은 자를 부활로 받기도 하며 또 어떤 이들은 더 좋은 부활을 얻고자 하여 악형을 받되 구차히 면하지 아니하였으며"(히 11:35).

이 세상의 썩을 것을 심어서 썩지 않을 것을 거두어야 합니다. 욕된 것으로 심고 영광스러운 것으로 다시 살며, 약한 것으로 심고 강한 것으로 다시 살며, 육의 몸으로 심고 영의 몸으로 다시 살아나야 합니다. 부활은 심은 대로 거두는 원리를 따릅니다. 부활을 위해 시간, 물질, 정성을 투자해야 합니다. 부활체는 심는 대로 바뀌기 때문입니다.

둘째 날을 점검해야 합니다. 부활을 위해서 둘째 날을 점검해야 하는 이유는 무엇입니까? 부지런히 심었는데 왜 삶에 부활이 일어나지 않습니까? 내가 확실히 죽지 않았기 때문입니다. 하나님은 한 과정도 그냥 건너뛰지 않으시고 기필코 우리를 나누십니다.

둘째 날의 죽음이 통과되지 않은 사람에게는 부활이 일어날 수 없습니다. 일을 맡겨도 감당하지 못합니다. 하나님의 능력은 자아가 깨어질수록 나타나고, 각 사람의 사역은 그 사람의 깨어짐의 정도로 결정됩니다.

둘째 날에 무엇이 죽어야 할지 모를 때는 자신이 시험에 드는 순간을 생각하면 됩니다. 사람이 시험에 들 때는 틀림없이 이유가 있습니다. '아, 하나님이 이것을 찢으시려는구나.' 바로 그 부분이 죽어져야 하는 것입니다. 죽어져야 하는 부분을 발견했을 때, 나의 뜻, 의지, 견해는 전부 처단되어야 합니다.

부활해서 해의 영광을, 달의 영광을 받기 위해서 지금 심어야 합니다. 부활해서 이기기 위해서 지금 심어야 한다는 말입니다. **"부활해서 이깁시다."**

우리가 살아도 주를 위하여 살고, 죽어도 주를 위하여 산다고 고백하는데, 그게 다 이유가 있는 겁니다. 부활해서 다 나타나기 때문에 예수님을 믿는 우리는 이렇게 살아가는 겁니다. 부활해서 승리하기를 원한다고 큰 소리로 외쳐봅시다.

이것이 바로 셋째 날입니다. 부활입니다. 영혼의 최후의 부활에서 해, 달, 별의 부활이 떠오르면 하나님은 이 땅에 있는 모든 것도 부활시킵니다. 가정의 부활, 자녀의 부활, 사업의 부활, 물질의 부활도 부활합니다. 부활의 물결이 그냥 막 쏟아져 들어옵니다. 첫째 날과 둘째 날을 정확히 거친 사람에게는 부활의 역사가 일어납니다. 틀림없이 인생의 색깔이 바뀌게 됩니다. 부활의 경험이 여러분에게도 일어날 겁니다.

기도

"셋째 날 부활을 주신 하나님, 감사합니다. 오늘의 말씀처럼 나의 삶에서 부활의 역사가 일어나게 하옵소서. 해의 부활, 달의 부활, 별의 부활이 일어나게 하옵소서. 그리하여 나의 삶에서 가정의 부활, 자녀의 부활, 사업의 부활, 물질의 부활이 일어나게 하옵소서. 예수님의 이름으로 기도하옵나이다. 아멘."

06

/

넷째 날, 주관하라

창세기 1장 14-19절

[14]하나님이 가라사대 하늘의 궁창에 광명이 있어 주야를 나뉘게 하라 또 그 광명으로 하여 징조와 사시와 일자와 연한이 이루라 [15]또 그 광명이 하늘의 궁창에 있어 땅에 비취라 하시고 (그대로 되니라) [16]하나님이 두 큰 광명을 만드사 큰 광명으로 낮을 주관하게 하시고 작은 광명으로 밤을 주관하게 하시며 또 별들을 만드시고 [17]하나님이 그것들을 하늘의 궁창에 두어 땅에 비취게 하시며 [18]주야를 주관하게 하시며 빛과 어두움을 나뉘게 하시니라 하나님의 보시기에 좋았더라 [19]저녁이 되며 아침이 되니 이는 네째 날이니라

넷째 날은 해와 달과 별을 만든 날입니다. **"해와 달과 별"**, 이건 뭘 이야기하는 겁니까?

빌립보서 2장 8-10절을 읽어봅시다.

"사람의 모양으로 나타나셨으매 자기를 낮추시고 죽기까지 복종하셨으니 곧 십자가에 죽으심이라 이러므로 하나님이 그를 지극히 높여 모든 이름 위에 뛰어난 이름을 주사 하늘에 있는 자들과 땅에 있는 자들과 땅 아래 있는 자들로 모든 무릎을 예수의 이름에 꿇게 하시고"(빌 2:8-10).

넷째 날은 예수님의 승천하심을 나타냅니다. 천지창조의 첫째 날은 하나님이신 예수님이 이 땅에 사람으로 오신 것을 나타내고, 둘째 날은 예수님이 모든 인류의 죄를 위해 십자가에 죽으신 것을 의미하고, 셋째 날은 예수님이 3일 만에 부활하셨음을 나타냅니다.

넷째 날은 하나님이 승천하신 예수님을 하나님의 보좌 우편에 앉히시고, 모든 이름 위에 뛰어난 이름을 주시고, 하늘에 있는 자들과 땅 아래에 있는 모든 자들이 예수님의 이름 앞에 무릎을 꿇게 하신 것을 나타냅니다.

요셉이 꿈을 꿨는데, 해와 달과 별이 나타났습니다. 해는 아버지를, 달은 어머니를, 그리고 별은 형제들을 말합니다. 이걸 통칭하자면, 넷째 날은 직분을 나타내는 겁니다.

하늘의 직분

이렇게 셋째 날 부활의 역사가 일어나면, 하늘로부터 직분이 내려옵니다. 직분은 다른 말로 천직이라고 말합니다. 하나님께서 사람을 만드실 때 일생동안 무슨 일을 하다가 천국으로 오라고 하세요. 그 자리가 바로 직분, 천직이에요. 하나님으로부터 내려온 자리가 직분이에요.

그렇다면, 어떻게 천직을 찾았는지 확인할 수 있을까? 천직을 찾은 자의 입에서는 '나는 다시 태어나도 이 일을 하리라'라는 고백이 터집니다. 삶의 기쁨과 만족감이 생기고 아무리 힘들어도 일을 멈출 수가 없습니다.

사람마다 하나님이 예비하신 천직이 있다면, 이 세상에는 우연히 또는 실수로 태어난 사람이 한 명도 없습니다. 사람마다 태어나는 과정은 전부 다릅니다. 어떤 사람은 부모가 계획해서 태어나는 반면에, 또 어떤 사람은 부모의 계획 없이 태어나기도 합니다.

하지만 사람이 어떻게 태어났든지 간에 의미 없이 태어난 사람은 단 한 명도 없습니다. 하나님은 이 땅에 사람을 태어나게 하실 때 하나님의 섭리 속에 태어나게 하십니다. 그러므로 모든 사람은 하나님으로부터 오는 목적과 의미를 가지고 이 땅에 태어나는 겁니다.

하지만 많은 사람들은 이것을 모르고 살아갑니다. 천직을 모르면, 자신이 무엇을 위해 태어났고 무엇을 위해 살아야 할지 모릅니다. 천직을 찾지 못해서 돈을 벌어야 할 사업가가 학교에서 선생을 하고 있습니다. 자신이 만든 일자리와 하나님이 주신 직분이 어긋나 있으면 아무리 인생을 살아도 직책에서 빛이 나지 않습니다. 삶에 대한 기쁨과 만족감이 없습니다. 잘못 찾아 들어가는 겁니다.

그렇다면 천직은 어떻게 발견할 수 있습니까? 사람의 힘과 지혜로는 하나님이 정하신 천직을 찾아 들어갈 수 없습니다. 첫째 날, 둘째 날, 셋째 날, 넷째 날까지 모두 잘 지나온 사람들은 하늘에서 내려오는 직분을 딱 찾아 들어갑니다. 하늘로부터 내려온 직분을 그대로 받는 사람에게는 하나님의 복이 그대로 임합니다. 직분 때문에 그 사람에게 축복이 일어납니다. 그러니까 지금 내 직분이 하늘에서 내려온 것인지 내가 만든 자리인지 알아야 합니다. 모든 삶이 하나님께로부터 내려온 사람에게는 형통함이 있습니다.

왜 형통함이 있을까? 하늘에서 내려온 것이니까 형통이 있는 겁니다. 그런데 이 직분이라는 게 사람의 실력으로는 못 찾습니다. 절대 못 찾습니다. 예수님을 영접하고, 자아를 죽이고, 세상의 썩어질 것을 심는 자만이 하나님의 뜻을 발견할 수 있습니다. 성령이 밀어주셔야 됩니다. 나의 등 뒤에서 나를 도우시는 성령이 밀어주셔야 합니다. 나를 향한 하나님의 뜻이 곧 천직입니다.

성경의 인물 중에서, 천직을 찾음으로써 형통의 축복을 누린 사람이 있습니다. 바로 요셉입니다.

창세기 37장 9절과 42장 6절을 읽어봅시다.

"요셉이 다시 꿈을 꾸고 그 형들에게 고하여 가로되 내가 또 꿈을 꾼즉 해와 달과 열 한 별이 내게 절하더이다 하니라"(창 37:9).

"때에 요셉이 나라의 총리로서 그 땅 모든 백성에게 팔더니 요셉의 형들이 와서 그 앞에서 땅에 엎드려 절하매"(창 42:6).

요셉의 별 앞에 해와 달과 열한 별이 절한 것처럼, 넷째 날이 임한 사람에게는 직책이 빛나기 시작하고 영적 권위가 서기 시작합니다. 하나님이 예수님을 하나님의 보좌 우편에 앉히시고 모든 피조물이 예수님의 이름 앞에 무릎을 꿇는 것처럼, 넷째 날이 임한 사람에게는 천하가 무릎을 꿇게 됩니다. 아멘, 할렐루야.

넷째 날에 가야 해가 뜨고, 달도 뜨고, 별이 떠요. 이걸 위해서 우리가 태어났다는 것을 알게 돼요. 넷째 날에 가야 눈에 보여요. 따라해 보세요. **"아하! 난 이걸 위해서 사람으로 태어났구나"**

"넷째 날을 허락하신 사랑의 하나님, 감사합니다. 하나님께서 나에게 주신 나의 직분은 어디인지 깨닫게 하옵소서. 내가 서야 할 자리는 어디인지 깨닫게 하옵소서. 내가 사역할 것이 무엇인지 알게 하옵소서. 나의 모든 삶을 하나님이 예비하신 줄 믿습니다. 주여 열어주시옵소서. 예수님의 이름으로 기도하옵나이다. 아멘."

07

/

다섯째 날, 번성하라

창세기 1장 20-23절

20하나님이 가라사대 물들은 생물로 번성케 하라 땅위 하늘의 궁창에는 새가 날으라 하시고 21하나님이 큰 물고기와 물에서 번성하여 움직이는 모든 생물을 그 종류대로, 날개 있는 모든 새를 그 종류대로 창조하시니 하나님의 보시기에 좋았더라 22하나님이 그들에게 복을 주어 가라사대 생육하고 번성하여 여러 바다 물에 충만하라 새들도 땅에 번성하라 하시니라 23저녁이 되며 아침이 되니 이는 다섯째 날이니라

다섯째 날은 하나님이 물들은 생물로 번성케 하라고 말씀하십니다. 다섯째 날은 번성의 역사입니다. **"번성하라."** 궁창에 있는 새, 물에서 번성하여 움직이는 모든 생물에게 생육하고 번성하여 충만하라고 말씀하셨습니다. **"생육하고 번성하여 충만하라."** 여러분에게 생육, 번성, 충만이 이루어져야 합니다.

그런데 첫째 날, 둘째 날, 셋째 날, 넷째 날이 없는 사람에게 생육하고 번성하여 땅에 충만하라는 것이 나타날까? 절대 나타나지 않습니다.

생육, 번성, 충만은 생명 확대라고 말할 수 있습니다. 생명 확대라는 것은 창세기에서 새, 짐승, 바다의 물고기, 이것을 확대하겠다는 뜻이지만, 여기에는 암호가 걸려 있습니다. 그것은 바로 예수 그리스도의 생명을 확대하겠다는 의미가 담겨 있습니다.

첫째 날, 둘째 날, 셋째 날, 넷째 날에 대한 복음이 완전히 삶에 녹아 있는 사람에게는 생육이 임합니다. 번성이 임합니다. 그리고 충만하게 됩니다.

오순절

이 책을 통해서 여러분이 복음을 듣습니다. 그리고 여러분이 들은 복음을 전하면, 그것이 복제가 됩니다. 이것이 바로 생육입니다. 이렇게 계속 복제가 되어 가는 게 바로 생육하고 번성해서 땅에 충만하게 되는 겁니다.

첫째 날, 둘째 날, 셋째 날, 넷째 날이 자리 잡으면 하나님은 그 사람을 가만히 두지 않으십니다. 그 사람을 확산시키려고 합니다. 확대시키려고 합니다. 그런데 생육하고 번성하여 땅에 충만한 것은 자기 자신이 할 수 없습니다. 그건 하나님만 할 수 있습니다. 예수님이 복제할 수 있습니다. 예수 그리스도는 하나님 보좌 우편에 앉아 계시는 것이 직임입니다. 그리고 하나님이 다섯째 날을 이루기 위해서 오순절 성령을 부어주신 겁니다. 다섯째 날이 오순절입니다.

첫째 날은 예수님이 이 땅에 오신 겁니다. 둘째 날은 예수님이 십자가에서 죽으신 겁니다. 셋째 날은 예수님이 부활하신 겁니다. 넷째 날은 하나님 보좌 우편에 앉아계시는 직분을 가지신다는 겁니다. 다섯째 날은 예수님이 성령을 보내주신다는 겁니다. 천지창조는 예수를 위하여, 예수에 의하여, 예수의 것으로 지어진 겁니다. 예수 그리스도를 설명하기 위해서 만들어진 겁니다.

다섯째 날은 생육하고 번성하여 땅에 충만한 것을 이야기합니다. 이것을 위해서 성령을 부어주신다는 겁니다.

사도행전 1장 4-5절을 읽어봅시다.

"사도와 같이 모이사 저희에게 분부하여 가라사대 예루살렘을 떠나지 말고 내게 들은바 아버지의 약속하신 것을 기다리라 요한은 물로 세례를 베풀었으나 너희는 몇 날이 못되어 성령으로 세례를 받으리라 하셨느니라"(행 1:4-5).

성령세례를 받는 자에게, 오순절이 임하는 자에게 생명 확대가 일어납니다. 복제가 일어납니다. 오순절의 경험이 있는 사람과 없는 사람의 삶은 하늘과 땅 차이가 납니다. 오순절의 능력이 임할 때 생명의 확대가 일어납니다.

사도행전 2장 1-13절을 읽어봅시다.

"오순절날이 이미 이르매 저희가 다 같이 한곳에 모였더니 홀연히 하늘로부터 급하고 강한 바람 같은 소리가 있어 저희 앉은 온 집에 가득하며 불의 혀 같이 갈라지는 것이 저희에게 보여 각 사람 위에 임하여 있더니 저희가 다 성령의 충만함을 받고 성령이 말하게 하심을 따라 다른 방언으로 말하기를 시작하니라 그 때에 경건한 유대인이 천하 각국으로부터 와서 예루살렘에 우거하더니 이 소리가 나매 큰 무리가 모여 각각 자기의 방언으로 제자들의 말하는 것을 듣고 소동하여 다 놀라 기이히 여겨 이르되 보라 이 말하는 사람이 다 갈릴리 사람이 아니냐 우리가 우리 각 사람의 난 곳 방언으로 듣게 되는 것이 어찜이뇨 우리는 바대인과 메대인과 엘림인과 또 메소보다미아, 유대와 가바도기아, 본도와 아시아, 브루기아와 밤빌리아, 애굽과 및 구레네에 가까운 리비야 여러 지방에 사는 사람들과 로마로부터 온 나그네 곧 유대인과 유대교에 들어 온 사람들과 그레데인과 아라비아인들이라 우리가 다 우리의 각 방언으로 하나님의 큰 일을 말함을 듣는도다 하고 다 놀라며 의혹하여 서로 가로되 이 어찐 일이냐 하며 또 어떤이들은 조롱하여 가로되 저희가 새 술이 취하였다 하더라"(행 2:1-13).

창세기 1장의 다섯째 날의 생육과 번성은 예수님이 제자들에게 말씀하신 사도행전 1장과 동일한 원리입니다. 오순절 성령의 강림 이후, 예수님의 제자들이 복음을 전할 때 하루에 3천 명(행 2:41) 또 5천 명(행 4:4)이 부흥하는 번성의 역사가 나타났습니다. 다섯째 날의 오순절이 임한 사람은 자신과 똑같은 사람을 계속해서 복제하고 확대시키는 능력이 생깁니다.

예수님의 세 가지 형태

오순절의 성령이 임한 사람과 임하지 않은 사람의 모습을 가장 극명하게 보여준 자들이 예수님의 제자들이었습니다. 예수님의 제자들은 예수님을 세 가지 형태로 경험했습니다.

먼저, 육체의 예수님입니다. 예수님이 공생애를 약 3년 반을 했을 때, 육체의 예수님을 경험했습니다.

마태복음 4장 23절을 읽어봅시다.

"예수께서 온 갈릴리에 두루 다니사 저희 회당에서 가르치시며 천국 복음을 전파하시며 백성 중에 모든 병과 모든 약한 것을 고치시니"(마 4:23).

제자들은 육체의 예수님을 따라다니면서 여러 가지 경험을 합니다. 산상수훈부터 시작해서 전에 듣지 못했던 하나님의 귀한 말씀을 들었습니다. 많은 병자들이 고침을 받고, 죽은 나사로가 살아나고, 물 위를 걸어 다니는 표적과 기사를 말로 할 수 없을 정도로 많이 봤습니다.

베드로는 빌립보 가이사랴에서 주는 그리스도시오 살아계신 하나님의 아들이라는 고백도 했습니다. 예수님과 함께 동행하고 직접 배운 제자들은 그 누구보다도 예수님을 잘 아는 자들이었습니다. 이 지구촌에서 누가 이보다 더 위대한 가르침을 받을 수 있겠습니까? 하지만 예수님이 잡히실 때 제자들은 모두 예수님을 배반하고 떠납니다. 제자들에게 생명의 확대가 일어나지 않았습니다.

그 다음에 제자들이 본 예수님은 부활의 예수님입니다.

요한복음 21장 1-3절을 읽어봅시다.

"그 후에 예수께서 디베랴 바다에서 또 제자들에게 자기를 나타내셨으니 나타내신 일이 이러하니라 시몬 베드로와 디두모라 하는 도마와 갈릴리 가나 사람 나다나엘과 세베대의 아들들과 또 다른 제자 둘이 함께 있더니 시몬 베드로가 나는 물고기 잡으러 가노라 하매 저희가 우리도 함께 가겠다 하고 나가서 배에 올랐으나 이 밤에 아무 것도 잡지 못하였더니"(요 21:1-3).

부활하신 예수님을 40일 동안 봤습니다. 그 기간 동안 부활의 예수님을 통해 많은 것들을 보고 배웠습니다. 죽음에서 부활한 예수님을 본 것만으로도 복음의 큰 배움이 있었습니다.

하지만 제자들은 부활하신 예수님이 그들에게 돌아왔는데도 모두 물고기를 잡으러 떠나 버립니다. 제자들에게 생명의 확대가 일어나지 않았습니다. 육체의 예수님과 부활의 예수님을 직접 옆에서 보고 배웠는데도 생육하고 번성하여 땅에 충만하지 못했습니다.

예수님이 승천하시기 전에 제자들에게 성령이 임해야 된다고 했습니다. 성령 세례를 보여주리라고 말씀하셨습니다. 그렇게 오순절에 제자들이 성령을 받자 변하기 시작했습니다.

사도행전 2장 1-4절을 읽어봅시다.

"오순절날이 이미 이르매 저희가 다 같이 한곳에 모였더니 홀연히 하늘로부터 급하고 강한 바람 같은 소리가 있어 저희 앉은 온 집에 가득하며 불의 혀 같이 갈라지는 것이 저희에게 보여 각 사람 위에 임하여 있더니 저희가 다 성령의 충만함을 받고 성령이 말하게 하심을 따라 다른 방언으로 말하기를 시작하니라"(행 2:1-4).

오순절의 성령을 받은 제자들은 더 이상 예수님을 떠나지 않습니다. 베드로를 봅시다. 한 번에 3,000명이 복제가 됐습니다. 하루에 3,000명이 번성하게 됐습니다. 어느 날은 5,000명이 번성하게 됩니다. 예수의 제자들이 성령을 받자 생육하고 번성하여 땅에 충만하게 됩니다. 성령이 임할 때 다섯째 날의 역사가 일어나는 겁니다.

예전에 성령의 나타남이 청교도의 입문이었습니다. 성령의 나타남을 꼭 알아야 합니다. 성령의 나타남을 알고 있는 사람에게 다섯째 날이 옵니다. 반대로 성령의 나타남을 알지 못한 사람에게는 다섯째 날이 오지 않습니다. 다섯째 날이 임하는 사람에게는 성령의 나타남이 일어납니다. 생육하고 번성하여 땅에 충만하라는 이 말씀은 사도행전 1장에 기록한 주님의 말씀과 같습니다.

"데오빌로요 내가 먼저 쓴 글에는 무릇 예수의 행하시며 가르치기를 시작하심부터 그의 택하신 사도들에게 성령으로 명하시고 승천하신 날까지의 일을 기록하였노라. 해 받으신 후에 또한 저희에게 확실한 많은 증거로 친히 사심을 나타내사 사십 일 동안 저희에게 보이시며 하나님 나라의 일을 말씀하시니라 사도와 같이 모이사 저희에게 분부하여 가라사대 예루살렘을 떠나지 말고 내게 들은바 아버지의 약속하신 것을 기다리라. 요한은 물로 세례를 베풀었으나 너희는 몇 날이 못 되어 성령으로 세례를 받으리라 하셨느니라. 저희가 모였을 때에 예수께 묻자와 가로되 주께서 이스라엘 나라를 회복하심이 이 때니이까 하니 가라사대 때와 기한은 아버지께서 자기의 권한에 두었으니 너희의 알바 아니요 오직 성령이 너희에게 임하시면 너희가 권능을 받고 예루살렘과 온 유대와 사마리아와 땅끝까지 이르러 내 증인이 되리라"(행 1:1-8).

오직 성령이 너희에게 임하시면 너희가 권능을 받고 예루살렘과 온 유대와 사마리아와 땅끝까지 이르러 내 복음을 복제하리라고 말씀하신 겁니다. 내 증인이 되리라는 말씀이 바로 생육하고 번성하여 땅에 충만하라는 말씀입니다. 성령이 임해야 다섯째 날이 옵니다. 오순절 없이 생육, 번성, 충만은 절대 오지 않습니다.

첫째 날부터 둘째 날, 셋째 날, 넷째 날까지 딱 형성이 되면 다섯째 날이 따라 옵니다. 성령의 나타나심이 오면, 시온의 대로가 열리면서 생육하고 번성하여 땅에 충만하게 되어 있습니다. 성령의 기름부음이 임해야 합니다. 복음 위에 성령의 기름부음이 임해야 합니다.

여러분이 다섯째 날, 오순절이 임하게 되면, 생육하고 번성하여 땅에 충만하게 됩니다. 성도가 성도에게, 그리고 그 성도가 다른 성도에게 꼬리에 꼬리를 물고 복음이 땅에 충만하게 된다는 말입니다. 이 기쁜 소식을 온 세상에 전하는 것이 바로 다섯째 날, 성령의 나타나심이 일어날 때 이루어지는 겁니다.

기도

"다섯째 날을 우리에게 주신 하나님, 감사합니다. 다섯째 날 오순절을 내려주셔서 생육하고 번성하여 땅에 충만하게 하옵소서. 성령의 나타나심으로 복음이 이 땅에 충만하게 하시고, 이 기쁜 소식을 온 세상에 전하게 하옵소서. 예수 그리스도의 이름으로 기도하옵나이다. 아멘."

08

/

여섯째 날, 다스리라

창세기 1장 24-31절

24하나님이 가라사대 땅은 생물을 그 종류대로 내되 육축과 기는 것과 땅의 짐승을 종류대로 내라 하시고 (그대로 되니라) 25하나님이 땅의 짐승을 그 풍류대로, 육축을 그 종류대로, 땅에 기는 모든 것을 그 종류대로 만드시니 하나님의 보시기에 좋았더라 26하나님이 가라사대 우리의 형상을 따라 우리의 모양대로 우리가 사람을 만들고 그로 바다의 고기와 공중의 새와 육축과 온 땅과 땅에 기는 모든 것을 다스리게 하자 하시고 27하나님이 자기 형상 곧 하나님의 형상대로 사람을 창조하시되 남자와 여자를 창조하시고 28하나님이 그들에게 복을 주시며 그들에게 이르시되 생육하고 번성하여 땅에 충만하라, 땅을 정복하라, 바다의 고기와 공중의 새와 땅에 움직이는 모든 생물을 다스리라 하시니라 29하나님이 가라사대 내가 온 지면의 씨 맺는 모든 채소와 씨 가진 열매 맺는 모든 나무를 너희에게 주노니 너희 식물이 되리라 30또 땅의 모든 짐승과 공중의 모든 새와 생명이 있어 땅에 기는 모든 것에게는 내가 모든 푸른 풀을 식물로 주노라 하시니 그대로 되니라 [31]하나님이 그 지으신 모든 것을 보시니 보시기에 심히 좋았더라 저녁이 되며 아침이 되니 이는 여섯째 날이니라

창세기 1장 26절을 보면, 하나님이 자기 형상 곧 하나님의 형상대로 사람을 창조하셨다고 했습니다. 여섯째 날 사람을 만들었는데, 하나님의 형상으로 지어졌다는 겁니다. 예수 그리스도가 하나님의 형상입니다.

하나님의 본체요, 하나님의 형상입니다. 그러면 우리가 이 창세기 1장에서 천지창조 곧 모든 만물이 지어지는 원리가 골로새서 1장 16절에서 그리스도를 위한다고 되어 있습니다. 첫째 날도 그리스도, 둘째 날도 그리스도, 셋째 날과 넷째 날, 그리고 다섯째 날도 모두 그리스도를 위하여 지어진 겁니다. 이번 장의 여섯째 날도 당연히 그리스도를 위하여 지어진 겁니다. 하나님이 사람을 만드신 것은 예수 그리스도에 대한 모형입니다. 로마서 5장 14절을 보면 이렇게 기록되어 있습니다.

"그러나 아담으로부터 모세까지 아담의 범죄와 같은 죄를 짓지 아니한 자들 위에도 사망이 왕노릇하였나니 아담은 오실 자의 표상이라"(롬 5:14).

아담이 오실 자의 표상이라고 했는데, 오실 자는 누구일까? 바

로 예수님입니다. 하나님께서 아담을 만들고 오실 자의 표상이라고 하셨습니다. 예수 그리스도에 대한 모형이요, 예표란 말입니다. 그러니까 이건 결국 오실 자인 예수님의 이야기입니다. 아담을 통해서 예수 이야기를 하는 겁니다.

첫째 날부터 다섯째 날까지의 과정을 통해서 여섯째 날인 하나님의 형상이 나타나는 겁니다. 우리 안에 하나님의 형상이 나타나기 위해서는 첫째 날부터 다섯째 날까지 온전히 이루어져야 합니다. 천지창조의 과정이 온전히 우리 안에서 이루어질 때 그리스도의 형상이 이루어져야 합니다.

그런데 둘째 날인 자기 자신에 대하여, 자신의 뜻과 견해와 의지를 못 던지는 겁니다. 그래도 우리는 모리아산의 이삭이 자기 생명을 던지듯이 우리는 주님께 던져야 되는 겁니다. 믿습니까? 그러니까 둘째 날을 빨리 합격하시기 바랍니다. 둘째 날을 빨리 합격하는 자에게는 시온의 대로가 열립니다.

둘째 날, 셋째 날, 넷째 날, 다섯째 날, 그리고 여섯째 날이 되면 하나님의 형상이 우리 안에 자리를 잡습니다. 아멘. 하나님의 형상 자기 모양대로 사람을 만들고 형상이 나타나는 자에게는 여섯째 날에 하나님의 형상이 자리 잡히는 자에게는 여기에 하나님의 축복의 대헌장이 나타납니다.

하나님의 축복의 대헌장

여섯째 날에 하나님의 형상이 자리 잡힌 자에게는 하나님의 축복이 임합니다. 여기에 하나님의 축복의 대헌장이 있습니다.

창세기 1장 27-28절을 읽어봅시다.

"하나님이 자기 형상 곧 하나님의 형상대로 사람을 창조하시되 남자와 여자를 창조하시고 하나님이 그들에게 복을 주시며 그들에게 이르시되 생육하고 번성하여 땅에 충만하라, 땅을 정복하라, 바다의 고기와 공중의 새와 땅에 움직이는 모든 생물을 다스리라 하시니라"(창 1:27-28).

하나님께서 주시는 축복은 그냥 주어지는 게 아닙니다. 축복은 예수 그리스도의 형상이 내 안에서 이루어질 때 임하는 겁니다. 하나님의 형상이 이루어진 사람에게 생육하고 번성하여 땅에 충만한 복을 받는 겁니다. 생육하라는 것은 단순히 자식을 많이 낳으라는 것이 아닙니다. 여기서 생육은 하나님의 설계도를 채우라는 겁니다. 복원 명령입니다.

하나님께서는 구약의 몇 명, 신약의 몇 명을 미리 다 짜놓으셨습니다. 그것을 채우는 행위가 바로 생육입니다. 신약으로 말하면, 이것이 전도입니다.

마태복음 28장 18-20절을 읽어봅시다.

"예수께서 나아와 일러 가라사대 하늘과 땅의 모든 권세를 내게 주셨으니 그러므로 너희는 가서 모든 족속으로 제자를 삼아 아버지와 아들과 성령의 이름으로 세례를 주고 내가 너희에게 분부한 모든 것을 가르쳐 지키게 하라 볼찌어다 내가 세상 끝날까지 너희와 항상 함께 있으리라 하시니라"(마 28:18-20).

전도가 생육하는 겁니다. 그래서 전도하는 사람이 복을 받습니다. 전도는 하늘나라의 숫자를, 새 예루살렘의 숫자를 채우는 겁니다.

요한계시록 12장 5절을 읽어봅시다.

"여자가 아들을 낳으니 이는 장차 철장으로 만국을 다스릴 남자라 그 아이를 하나님 앞과 그 보좌 앞으로 올려가더라"(계 12:5).

요한계시록 20장 6절과 22장 5절도 함께 읽어봅시다.

"이 첫째 부활에 참예하는 자들은 복이 있고 거룩하도다 둘째 사망이 그들을 다스리는 권세가 없고 도리어 그들이 하나님과 그리스도의 제사장이 되어 천년 동안 그리스도로 더불어 왕노릇 하리라"(계 20:6).

"다시 밤이 없겠고 등불과 햇빛이 쓸데 없으니 이는 주 하나님이 저희에게 비취심이라 저희가 세세토록 왕노릇하리로다"(계 22:5).

구속사의 마지막 사건은 예수님이 재림하셔서 이 땅에 천년왕국, 새 예루살렘을 만드는 겁니다. 구원의 숫자가 딱 차면, 새 예루살렘이 위로부터 임하여 복음이 완성되고, 성도들은 천년 동안 왕같이 다스리는 자들이 될 겁니다.

아담에게 생육하고 번성하여 땅에 충만하라는 것은 육신적으로 자식을 많이 번식하는 것으로 끝나는 게 아닙니다. 그 위에 있는 예수 그리스도의 설계도를 채워가는 겁니다. 완성 계시인 새 예루살렘을 채우는 겁니다. 이 행위가 생육하고 번성하여 땅에 충만하라는 겁니다. 하나님께서는 이것이 복이라고 말씀하고 있습니다.

복은 하나님께 달라고 기도해서 오는 게 아닙니다. 복은요, 하늘의 예루살렘을 이 땅에 구축하는 사람에게 임합니다. 생육하고 번성하여 땅에 충만하게 하는 사람, 전도하는 사람에게 주시는 게 바로 복입니다. 그래서 우리가 전도에 힘써야 하는 겁니다.

하늘의 예루살렘을 이 땅에 세워가는 사람에게 복을 주신다고 하셨는데, 이와 반대로 하늘의 예루살렘을 세워가는 일을 하지 않는 사람들에게 어떤 일이 일어났는지 살펴봅시다.

창세기 38장 1-3절을 읽어보면, 다말의 이야기가 나옵니다.

"그 후에 유다가 자기 형제들로부터 떠나 내려가서 아둘람 사람 히라와 가까이 하니라 유다가 거기서 가나안 사람 수아라 하는 자의 딸을 보고 그를 데리고 동침하니 그가 임신하여 아들을 낳으매 유다가 그의 이름을 엘이라 하니라"(창 38:1-3).

계속해서 창세기 38장 4-5절을 읽어봅시다.

"그가 다시 잉태하여 아들을 낳고 그 이름을 오난이라 하고 그가 또 다시 아들을 낳고 그 이름을 셀라라 하니라 그가 셀라를 낳을 때에 유다는 거십에 있었더라"(창 38:4-5).

야곱의 넷째인 유다가 수아라 하는 여자를 취하여 세 아들을 낳았습니다. 첫째가 엘, 둘째가 오난, 그리고 막내가 셀라입니다. 첫째 엘이 장성해서 다말이라는 여인과 결혼을 했습니다. 그런데 애를 낳지 못한 상태에서 엘이 죽고 다말은 과부가 됩니다. 엘이 죽은 이유가 성경에 기록되어 있습니다.

창세기 38장 7절입니다.

"여호와의 목적에 악을 행하므로 여호와께서 그를 죽이신지라"(창 38:7).

엘이 어떤 악을 행했는지 성경에 기록되어 있는지 모릅니다. 하지만 그 뒷부분을 보면 유추할 수 있습니다. 아무튼 엘이 악을 행해서 죽임을 당하는데, 고대 이스라엘 민족은 종족의 개념이 확실해서 형수가 애를 못 낳은 상태에서 형이 죽으면 시동생이 형을 대신해서 아이를 낳아야 합니다. 이걸 계대결혼법이라고 합니다. 대를 잇는 겁니다. 우리나라 고구려와 부여에서도 이와 비슷한 형사취수제가 있었습니다. 자신이 낳은 아이지만, 형의 아이가 되어 대를 잇는 겁니다.

유다가 엘의 동생인 오난에게 계대결혼법을 이야기합니다.

"오난아, 너의 형수가 애를 못 난 상태에서 네 형이 죽었다. 그러니까 너는 너의 형수 다말에게로 들어가서 형을 위하여 애를 낳으라."

형을 위하여 애를 낳으라는 겁니다. 그랬더니, 오난이 아버지의 말씀을 들은 척 하면서 결혼을 했지만, 온전히 순종하지 않습니다. 9절 말씀을 봅시다.

"오난이 그 씨가 자기 것이 되지 않을줄 알므로 형수에게 들어갔을 때에 형에게 아들을 얻게 아니하려고 땅에 설정하매"(창 38:9).

오난이 아이가 태어나도 그 아이가 자신의 아이가 아니라 형의 아이가 된다는 것을 알고, 아이가 생기지 않게 했습니다. 그런데 오난의 이런 행동이 여호와 목적에 악하다고 했습니다. 그래서 하나님께서 오난도 죽이셨습니다.

"그 일이 여호와 목전에 악하므로 여호와께서 그도 죽이시니"(창 38:10).

10절을 보면, 여호와께서 그도 죽이셨다고 했습니다. 그런데 그 앞에 어떤 일이 있었습니까?

첫째 엘이 여호와 목적에 악하므로 여호와께서 그를 죽이셨다고 했습니다. 이 부분을 보면 엘의 죄는 대를 잇는 것을 소홀히 여겼다는 겁니다. 그리고 그의 동생 오난도 형처럼 대를 잇는 것을 업신여긴 겁니다. 그 결과 형처럼 오난도 여호와께 죽임을 당하게 된 겁니다.

이들은 하늘의 예루살렘을 이루는 걸 거부했습니다. 애를 낳는 게 그냥 애를 낳는 것에서 그치는 게 아닙니다. 애를 낳는 것을 통하여 하늘의 예루살렘을 채우는 겁니다. 그것을 거부했기 때문에, 순종하지 않았기 때문에 여호와 목적에 악을 행하여 죽임을 당한 겁니다.

요즘 말로, 전도 명령을 거부하는 겁니다. 하늘의 예루살렘을 채우는 행위, 전도를 거부하는 자는 여호와 목전에 악을 행하는 것과 같습니다. 그 결과는 죽는 겁니다. 요즘 사람들이 왜 전도를 안 할까? 전도한다고 자기한테 이익이 되는 게 없기 때문입니다. 전도뿐이겠습니까? 자기한테 이익이 되지 않으면, 다 안 합니다. 하나님은 그 모든 것을 다 알고 계십니다. 하나님께서는 그걸 악으로 여기시고 죽이십니다.

창세기 1장 26절과 창세기 38장에 나온 오난의 죄를 연결해서 보면, 하나님이 사람에게 전도 명령을 내리십니다. **"생육하고 번성하여 땅에 충만하라."** 그리고 하나님의 복을 여기에 놓습니다. 생육하고 번성하는 것을 거부하고 애 낳기를 싫어하는 게 전도명령의 거부입니다.

하나님께서는 하늘의 새 예루살렘을 이루어가는 과정에서 피동적인 자세를 취하는 사람을 여호와 목적에 악하다고 하시고 죽이십니다. 그럼, 여러분 중에서 이렇게 말하는 사람이 있을 겁니다.

"저는 전도 잘 안 해도 죽지 않고 잘 살고 있는데요."

육이 살아있지만, 영이 죽은 겁니다. 영이 죽으면, 기도가 안 됩니다. 성령의 역사가 일어나지 않습니다. 영이 죽었으니 육이 살아있어도 죽은 거나 마찬가지입니다.

창세기 1장 26절의 말씀이 얼마나 깊은 뜻이 있다는 것을 알아야 합니다. 생육하고 번성하여 땅에 충만한 복을 누리기 위해서 전도하는 일에 힘을 다해야 합니다. 자기의 것이 되지 않는다는 생각으로 온전한 순종을 하지 않는 사람은 하나님 앞에 악을 행하게 됩니다. 그리고 죽임을 당합니다.

여섯째 날, 하나님의 형상이 이루어질 때 우리에게 생육하고 번성하여 땅에 충만한 복이 임하게 됩니다. 이건 그냥 떨어지는 복이 아닙니다. 첫째 날부터 다섯째 날까지 모든 과정이 온전히 이루어질 여섯째 날, 하나님의 형상이 이루어집니다. 이 모든 과정을 위해 기도에 힘써야 합니다.

날 구원하신 예수님을 내 마음속에 지금 곧 오사 주님의 형상인 치라고 고백하고 실천하는 사람에게 하나님은 복을 주십니다. 이렇게 첫째 날부터 여섯째 날까지 이루게 되면, 하늘의 새 예루살렘을 채우는 일에 동참하게 됩니다. 하나님께서 아담을 만든 이유는 하늘의 설계도 때문입니다.

3대 다스림의 권세

여섯째 날을 이룬 사람에게 하나님께서 공중의 새, 짐승, 물고기를 다스리는 권세를 주십니다. 이걸 3대 다스림의 권세라고 합니다. 이 권세는 하늘로부터 내려옵니다. 공중의 새, 짐승, 물고기를 다스리라는 것은 사도행전 10장에 그 비밀이 있습니다.

사도행전 10장 9-31절에 보면, 고넬료 이야기가 나옵니다.

"이튿날 저희가 행하여 성에 가까이 갔을 그 때에 베드로가 기도하려고 지붕에 올라가니 시간은 제 육시더라 시장하여 먹고자 하매 사람이 준비할 때에 비몽사몽간에 하늘이 열리며 한 그릇이 내려오는 것을 보니 큰 보자기 같고 네 귀를 매어 땅에 드리웠더라 그 안에는 땅에 있는 각색 네 발 가진 짐승과 기는 것과 공중에 나는 것들이 있는데 짐승과 물고기들이 공중에 나는 것들이 있는데 또 소리가 있으되 베드로야 일어나 잡아 먹으라 하거늘 베드로가 가로되 주여 그럴수 없나이다 속되고 깨끗지 아니한 물건을 내가 언제든지 먹지 아니하였삽나이다 한대 또 두번째 소리 있으되 하나님께서 깨끗케 하신 것을 네가 속되다 하지 말라 하더라 이런 일이 세번 있은 후 그 그릇이 곧 하늘로 올리워 가니라 베드로가 본바 환상이 무슨 뜻인지 속으로 의심하더니 마침 고넬료의 보낸 사람들이 시몬의 집을 찾아 문 밖에 서서 불러 묻되 베드로라 하는 시몬이 여기 우거하느냐 하거늘 베드로가 그 환상에 대하여 생각할 때에 성령께서 저더러 말씀하시되 두 사람이 너를 찾으니 일어나 내려가 의심치 말고 함께 가라 내가 저희를 보내었느니라 하시니 베드로가 내려가 그 사람들을 보고 가로되 내가 곧 너희의 찾는 사람이니 너희가 무슨 일로 왔느냐 저희가 대답하되 백부장 고넬료는 의인이요 하나님을 경외하는 자라 유대 온 족속이 칭찬하더니 저가 거룩한 천사의 지시를 받아 너를 그 집으로 청하여 말을 들으려 하느니라 한대 베드로가 불러 들여 유숙하게 하니라 이튿날 일어나 저희와 함께 갈쌔 욥바 두어 형제도 함께 가니라 이튿날 가이사랴에 들어가니 고넬료가 일가와 가까운 친구들을 모아 기다리더니 마침 베드로가 들어올 때에 고넬료가 맞아 발앞에 엎드리어 절하니 베드로가 일으켜 가로되 일어서라 나도 사람이라 하고 더불어 말하며 들어가 여러 사람의 모인 것을 보고 이르되 유대인으로서 이방인을 교제하는 것과 가까이 하는 것이 위법인 줄은 너희도 알거니와 하나님께서 내게 지시하사 아무도 속되다 하거나 깨끗지 않다 하지 말라 하시기로 부름을 사양치 아니하고 왔노라 묻노니 무슨 일로 나를 불렀느뇨 고넬료가 가로되 나흘 전 이맘때까지 내 집에서 제 구시 기도를 하는데 홀연히 한 사람이 빛난 옷을 입고 내 앞에 서서 말하되 고넬료야 하나님이 네 기도를 들으시고 네 구제를 기억하셨으니"(행 10:9-31).

그리고 44-46절도 봅시다.

"베드로가 이 말 할때에 성령이 말씀 듣는 모든 사람에게 내려오시니 베드로와 함께 온 할례 받은 신자들이 이방인들에게도 성령 부어 주심을 인하여 놀라니 이는 방언을 말하며 하나님 높임을 들음이러라"(행 10:44-46).

욥바에 있는 피장 시몬의 집에 베드로가 있었습니다. 베드로기 기도하고 있는데, 환상이 열렸습니다. 하늘에서 큰 보자기가 내려왔는데, 그 안에 다양한 짐승들이 바글바글했습니다. 그런데 그 짐승들은 땅에 있는 각색 네 발 가진 짐승과 기는 것과 공중에 나는 것들이었습니다.

속된 짐승에 대한 것들은 레위기 11장에 나옵니다. 짐승 중에는 새김질하되 굽이 갈라지지 아니한 것, 굽이 갈라졌으니 새김질을 못하는 것은 먹지 말라고 했습니다. 물에 있는 것 중에도 지느러미와 비늘 없는 것은 가증한 겁니다. 새와 곤충 중에서도 속된 것들을 먹지 말라고 했습니다.

레위기에서 이야기한 속된 짐승이 큰 보자기에 한 가득 있었던 겁니다. 유대인의 관점에서 보면, 큰 보자기에 있는 짐승들은 속된 짐승들이었습니다. 깨끗지 아니한 것을 먹지 않습니다.

그런데, 베드로에게 그것을 잡아먹으라는 소리가 들렸습니다. 베드로는 어떻게 했을까? 베드로는 속되고 깨끗지 아니한 것을 먹을 수 없다고 이야기하고 거부했습니다.

그러자 하나님께서 말씀하십니다.

"하나님께서 깨끗케 하신 것을 네가 속되다 하지 말라."

하지만 베드로는 안 먹었습니다. 세 번이나 하늘에서 내려왔습니다.

여기에서 큰 보자기에 있는 짐승들은 고넬료와 그 집안 사람들을 이야기합니다. 고넬료 집에 가서 복음으로 잡아먹으라는 겁니다. 전도 명령입니다. 그런데 베드로가 안 먹는다고 거부했습니다. 그랬더니, "내가 깨끗하다 한 걸 왜 네가 속되다 하냐?" 이렇게 이야기 했습니다. 그래도 베드로가 거부했습니다.

그 뒤에 고넬료의 보낸 사람들을 만나고서 고넬료 집에 가지만,

피동적인 자세로 갔습니다. 이것 때문에 성령의 촛대가 베드로에서부터 바울로 넘어가는 겁니다. 이것을 기점으로 베드로는 사도행전에서 사라져 버리는 겁니다. 이렇게 전도명령 거부가 촛대를 옮겨버리는 겁니다. 그 후로부터 복음의 주도권이 바울로 넘어갔습니다.

새와 짐승, 물고기를 다스리라는 말은 그 이상의 영적 의미가 있습니다. 이것도 그리스도와 관계가 된 겁니다. 하나님의 형상이 이루어진 사람에게는 3대 다스림의 권세가 온단 말입니다.

3대 다스림의 권세가 뭘까? 첫째가 **"새"**입니다. 이 새는 공중을 납니다. 성경의 신약에 주님이 '공중의 새도 집이 있고 여우도 굴이 있지만 인자는 머리 둘 곳이 없다'고 그랬습니다. 이거는 공중 권세 잡은 마귀를 가리킵니다. 영을 다스리는 권세가 있습니다.

예수를 믿지 않는 인간을 **"짐승"**이라고 그럽니다. 사람을 다스리는 권세란 말입니다. **"물고기"**는 뭘까? 주님이 베드로한테 '돈이 없으면 낚시를 해라. 열어보면 돈이 있다'고 했습니다. 물고기는 바로 물질을 다스리는 권세를 말합니다.

성경은 이와 같은 은유적 뜻이 있어요. 그러니까 총체적으로 말씀드리면, 우리가 하나님의 형상을 회복하면, 하나님이 그들에게 3대 다스림의 권세 **"영권, 인권, 물권"**을 주십니다.

하늘의 권세가 임하면, 무조건 이 여섯째 날이 와야 됩니다. 여섯째 날 안 온 상태에서 인간적 방법으로 하면 아무 것도 할 수 없습니다. 하늘의 권세가 내려와야 영권, 인권, 물권이 이루어집니다. 하나님이 부어주십니다.

누가복음 5장 4-7절을 읽어봅시다.

"말씀을 마치시고 시몬에게 이르시되 깊은데로 가서 그물을 내려 고기를 잡으라 시몬이 대답하여 가로되 선생이여 우리들이 밤이 맞도록 수고를 하였으되 얻은 것이 없지마는 말씀에 의지하여 내가 그물을 내리리이다 하고 그리한즉 고기를 에운 것이 심히 많아 그물이 찢어지는지라 이에 다른 배에 있는 동무를 손짓하여 와서 도와달라 하니 저희가 와서 두 배에 채우매 잠기게 되었더라"(눅 5:4-7).

마가복음 1장 5절을 읽어봅시다.

"온 유대 지방과 예루살렘 사람이 다 나아가 자기 죄를 자복하고 요단강에서 그에게 세례를 받더라"(막 1:5).

마가복음 16장 17절도 읽어봅시다.

"믿는 자들에게는 이런 표적이 따르리니 곧 저희가 내 이름으로 귀신을 쫓아내며 새 방언을 말하며"(막 16:17).

3대 다스림의 권세를 받은 사람은 물권, 영권, 인권이 따라다니기 시작합니다. 이런 사람은 어디를 가든 무엇을 하든 물권이 붙게 됩니다. 또 사단과 귀신들이 소리를 치며 도망가는 영권이 생깁니다. 그리고 사람들이 몰려들고 따르는 인권의 축복이 따릅니다. 3대 권세는 사람의 능력이 아니라 예수님의 형상이 내 속에 회복된 능력입니다.

여섯째 날에 하나님의 형상이 회복되어 생육, 번성, 충만, 정복, 다스림의 권세를 받은 사람은 이 땅에서 천년왕국을 누리는 삶을 살게 됩니다. 땅에서 천년왕국을 누린 구약성경의 인물은 요셉입니다.

창세기 41장 37-46절을 읽어봅시다.

"바로와 그 모든 신하가 이 일을 좋게 여긴지라 바로가 그 신하들에게 이르되 이와 같이 하나님의 신이 감동한 사람을 우리가 어찌 얻을 수 있으리요 하고 요셉에게 이르되 하나님이 이 모든 것을 네게 보이셨으니 너와 같이 명철하고 지혜 있는 자가 없도다 너는 내 집을 치리하라 내 백성이 다 네 명을 복종하리니 나는 너보다 높음이 보좌 뿐이니라 바로가 또 요셉에게 이르되 내가 너로 애굽 온 땅을 총리하게 하노라 하고 자기의 인장 반지를 빼어 요셉의 손에 끼우고 그에게 세마포 옷을 입히고 금사슬을 목에 걸고 자기에게 있는 버금 수레에 그를 태우매 무리가 그 앞에서 소리 지르기를 엎드리라 하더라 바로가 그로 애굽 전국을 총리하게 하였더라 바로가 요셉에게 이르되 나는 바로라

애굽 온 땅에서 네 허락 없이는 수족을 놀릴 자가 없으리라 하고 그가 요셉의 이름을 사브낫바네아라 하고 또 온 제사장 보디베라의 딸 아스 낫을 그에게 주어 아내를 삼게 하니라 요셉이 나가 애굽 온 땅을 순찰 하니라 요셉이 애굽왕 바로 앞에 설 때에 삼십세라 그가 바로 앞을 떠 나 애굽 온 땅을 순찰하니"(창 41:37-46).

야곱의 열두 아들 중에서 열한 번째 아들 요셉입니다. 요셉의 삶은 예수님의 삶과 그대로 일치합니다. 예수님처럼 요셉은 아버 지의 총애와 사랑을 받았습니다. 은 30에 팔린 예수님처럼 요셉 은 은 20에 팔립니다. 죄 없이 십자가에 못 박혀 무덤에 들어가신 예수님처럼 요셉은 보디발의 아내에 의한 억울한 누명으로 감옥 에 들어가게 됩니다.

3일 만에 부활하신 예수님처럼 요셉은 술관원장의 꿈을 해석하 여 감옥에서 풀려납니다. 예수님이 승천하시고 천년왕국을 다스 리시는 것처럼 요셉도 바로의 인장 반지를 끼고 버금수레를 타며 애굽 온 땅을 다스립니다.

여섯째 날이 임한 사람의 입에서는 '예수 이름으로' 무엇이든지 구하는 고백이 터집니다. 여섯째 날을 통과한 사람은 예수님의 이름으로 무엇이든지 믿음으로 구할 때 이루어지는 역사가 생깁 니다(요 15:7). 귀에 들리는 대로 하나님이 모든 것을 시행하십니 다(민 14:28). 말 하나도 땅에 떨어지지 않게 하십니다(삼상 3:19).

여섯째 날에 하나님의 형상이 회복되어야만 생육, 번성, 충만, 정복, 다스림의 권세를 받을 수 있습니다. 우리가 주님이 재림할 때까지, 죽어서 하늘나라에 갈 때까지 열심히 마음을 다하고, 성품을 다하고, 뜻과 목숨을 다하여 오직 그리스도를 위하여, 그리스도에 의하여, 그리스도의 것으로 살면 천년왕국 때 좋은 일이 일어납니다. 주님이 재림하면 바로 천년왕국으로 들어갑니다. 아멘.

기도

"여섯째 날을 주신 하나님, 감사합니다. 하나님의 형상대로 지음을 받은 우리가 죄로 말미암아 하나님을 떠났음을 고백합니다. 이제 여섯째 날을 맞이하여 하나님의 형상을 회복하게 하시고 생육, 번성, 충만, 정복, 다스림의 권세를 받을 수 있게 하옵소서. 주님이 재림할 때까지 마음과 성품과 뜻과 목숨을 다하여 오직 그리스도를 위하여, 그리스도에 의하여, 그리스도의 것으로 살아가게 하옵소서. 예수 그리스도의 이름으로 기도하옵나이다. 아멘."

09

/

일곱째 날, 안식하라

창세기 2장 1-3절
1천지와 만물이 다 이루니라 2하나님의 지으시던 일이 일곱째 날이 이를 때에 마치니 그 지으시던 일이 다하므로 일곱째 날에 안식하시니라 3하나님이 일곱째 날을 복 주시 거룩하게 하셨으니 이는 하나님이 그 창조하시며 만드시던 모든 일을 마치시고 이 날에 안식하셨음이더라

일곱째 날은 안식일입니다. 이 안식일은 천년왕국이 끝난 뒤에 영원무궁세계라고 합니다. **"영원무궁세계."** 여섯째 날인 천년왕국까지 이루어지면, 일곱째 날인 안식일로 영원무궁세계로 갑니다. 이게 바로 하늘의 설계도입니다. 이 하늘의 설계도를 모르면 아무 것도 할 수 없습니다.

천지창조는 하늘의 설계도가 땅으로 내려온 겁니다. 이 설계도가 없으면 겉으로 보기에는 하나님의 일을 하는 것 같지만, 자기 멋대로 하는 겁니다. 천지창조는 모두 그리스도를 위한 겁니다. 첫째 날부터 여섯째 날까지, 그리고 마지막 날이 일곱째 날도 당연히 그리스도를 위한 겁니다. 일곱째 날인 안식일의 주인은 예수님입니다.

세 가지 안식

예수님은 '내가 안식일의 주인'이라고 말씀하셨습니다. 예수님은 안식일의 주인입니다.

마태복음 12장 8절을 읽어봅시다.

"인자는 안식일의 주인이니라 하시니라"(마 12:8).

성도의 심령에 안식의 역사가 일어납니다. 예수님은 이 땅에 안식일을 주시기 위해 오셨습니다. 모든 안식은 예수님 안에서만 이루어집니다. 안식일의 주인이신 예수님은 선악과로 인해 모든 인류가 사단으로부터 시달리는 가난, 저주, 고통, 타락 등을 이길 수 있는 영의 안식을 주셨습니다. 예수님은 두려움과 염려에서 자유하게 하는 마음의 안식을 주셨습니다. 예수님은 안식일에 병을 고치시고 죽어도 다시 사는 육신의 안식을 주셨습니다.

안식을 통해서 사람에게 어떤 일이 생길까? 세 가지 안식이 옵니다. 첫째, 영의 안식이 옵니다.

히브리서 11장 33-38절을 읽어봅시다.

"저희가 믿음으로 나라들을 이기기도 하며 의를 행하기도 하며 약속을 받기도 하며 사자들의 입을 막기도 하며 불의 세력을 멸하기도 하며 칼날을 피하기도 하며 연약한 가운데서 강하게 되기도 하며 전쟁에 용맹되어 이방 사람들의 진을 물리치기도 하며 여자들은 자기의 죽은 자를 부활로 받기도 하며 또 어떤이들은 더 좋은 부활을 얻고자 하여 악형을 받되 구차히 면하지 아니하였으며 또 어떤이들은 희롱과 채찍질 뿐아니라 결박과 옥에 갇히는 시험도 받았으며 돌로 치는 것과 톱으로 켜는 것과 시험과 칼에 죽는 것을 당하고 양과 염소의 가죽을 입고 유리하여 궁핍과 환난과 학대를 받았으니 (이런 사람은 세상이 감당치 못하도다) 저희가 광야와 산숭과 암혈과 토굴에 유리하였느니라"(히 11:33-38).

영의 안식이 임한 성도는 사단과의 전쟁을 두려워하지 않습니다. 악한 권세와 싸워서 세상이감당할 수 없는 자가 됩니다. 영이 안식 속으로 들어갑니다. 안식일이 오지 않는 사람은 영이 안식, 쉼에 들지 못합니다.

둘째, 마음의 안식이 옵니다.

요한복음 14장 26절을 읽어봅시다.

"보혜사 곧 아버지께서 내 이름으로 보내실 성령 그가 너희에게 모든 것을 가르치고 내가 너희에게 말한 모든 것을 생각나게 하시리라"(요 14:26).

디모데후서 1장 7절을 읽어봅시다.

"하나님이 우리에게 주신 것은 두려워하는 마음이 아니요 오직 능력과 사랑과 근신하는 마음이니"(딤후 1:7).

안식일이 오지 않는 사람은 마음의 평강이 오질 않습니다. 마음이 불안하고, 불편합니다.

셋째, 육신의 안식이 옵니다. 육신의 안식이 오면 육체적으로 일하는 것이 더 이상 노동이 아닙니다.

마태복음 4장 4절입니다.

"예수께서 대답하여 가라사대 기록되었으되 사람이 떡으로만 살것이 아니요 하나님의 입으로 나오는 모든 말씀으로 살 것이라 하였느니라 하시니"(마 4:4).

육신의 안식이 임한 성도는 이 세상에서의 고난과 어려움을 바라보는 시각이 달라집니다. 노동이 더 이상 저주가 아니라 노동을 통하여 기쁨과 만족감을 얻게 됩니다. 질병도 절망과 죽음이 아니라 잠깐의 육신적 고난을 통해 영원한 안식을 소망하게 됩니다. 이 땅의 모든 것을 기쁨으로 받아들입니다. 일을 통해서 안식속에 들어갑니다. 에덴동산으로 쫓겨나온 인간들에게 임했던 노동의 저주가 끝나는 겁니다.

안식일, 안식년, 희년

영의 안식, 마음의 안식, 육신의 안식이 예수 때문에 이루어지는 겁니다. 예수가 내 속에 오면 영의 안식, 마음의 안식, 육신의 안식이 임합니다. 안식일이 이루어지면, 그걸로 끝나는 게 아닙니다. 안식일이 확대되어 안식년, 그리고 희년으로 옵니다. 이 모든 것이 다 예수 안에서 이루어집니다.

안식일의 주인이신 예수님이 안식일에 병을 고쳐주셨습니다. 안식일은 회복입니다. 아담과 하와가 선악과를 따먹은 이후로 인류가 가난, 저주, 모든 타락한 사탄의 문화에 시달린 것들이 안식일을 통하여 회복되는 겁니다. 주님이 안식일 날에 육체의 병을 고친 겁니다.

레위기 25장 8-12절을 읽어봅시다.

"너는 일곱 안식년을 계수할찌니 이는 칠년이 일곱번인즉 안식년 일곱번 동안 곧 사십 구년이라 칠월 십일은 속죄일이니 너는 나팔 소리를 내되 전국에서 나팔을 크게 불찌며 제 오십년을 거룩하게 하여 전국 거민에게 자유를 공포하라 이 해는 너희에게 희년이니 너희는 각각 그 기업으로 돌아가며 각각 그 가족에게로 돌아갈찌며 그 오십년은 너희의 희년이니 너희는 파종하지 말며 스스로 난 것을 거두지 말며 다스리지 아니한 포도를 거두지 말라 이는 희년이니 너희에게 거룩함이니라 너희가 밭의 소산을 먹으리라"(레 25:8-12).

구약성경은 안식이 완전하게 회복되는 날을 '희년'이라고 합니다. 구약성경은 매 일곱 번째 해를 '안식년'이라고 부르고, 일곱 번의 안식년이 지난 다음에 찾아오는 50번째 해를 '희년'이라고 부릅니다. 희년은 종들이 풀려나고, 잃었던 땅을 다시 찾아 자기의 소유지로 회복되고, 자기의 가족들에게 돌아가는 자유를 공포하는 해입니다.

희년의 영적인 뜻은 아담이 잃어버린 모든 것이 다 회복되는 영원한 안식을 의미합니다.

이사야 61장 1-3절을 읽어봅시다.

"주 여호와의 신이 내게 임하셨으니 이는 여호와께서 내게 기름을 부으사 가난한 자에게 아름다운 소식을 전하게 하려 하심이라 나를 보내사 마음이 상한 자를 고치며 포로된 자에게 자유를, 갇힌 자에게 놓임을 전파하며 여호와의 은혜의 해와 우리 하나님의 신원의 날을 전파하여 모든 슬픈 자를 위로하되 무릇 시온에서 슬퍼하는 자에게 화관을 주어 그 재를 대신하며 희락의 기름으로 그 슬픔을 대신하며 찬송의 옷으로 그 근심을 대신하시고 그들로 의의 나무 곧 여호와의 심으신바 그 영광을 나타낼 자라 일컬음을 얻게 하려 하심이니라"(사 61:1-3).

예수님이 이 땅에 재림하셔서 심판하시고, 천년왕국을 이루시며, 예수님의 영원무궁한 희년이 찾아왔을 때는 모든 사람들의 삶은 안식을 되찾게 됩니다. 건강의 회복, 물질의 회복, 자녀의 회복, 모든 것이 완전하게 회복됩니다. 그래서 예수님을 영접하고 예수님과 7가지 연합을 이룬 사람은 안식일, 안식년, 최후의 희년까지 체험하게 됩니다. 예수님이 곧 희년이십니다.

일곱째 날이 임하기 위해서는 예수님의 재림 때 이루어질 완전한 희년이 오기 전까지 하나님의 설계도를 기억하고 마음을 지켜야 합니다. 우리는 완전한 천국에 들어간 것이 아니라 이 땅에서 아직 살고 있기 때문에, 예수님이 다시 오실 때까지, 심령 안에 안식이 온 사람이라 할지라도 '주여'를 부르고 하나님의 말씀에 아멘으로 살아야 합니다.

희년은 잃어버렸던 것 모든 것을 회복하는 겁니다. 건강도 회복, 물질도 회복, 가정도 회복, 자녀도 회복, 모든 것들이 다 회복하는 겁니다. 예수 그리스도로 회복의 역사가 일어난 겁니다. 목마른 자들을 주님께서 안식으로 이끌어주시면 회복의 역사가 일어납니다.

영원한 안식

히브리서 4장 8-11절을 보면, 안식일이 대해서 이야기합니다.

"만일 여호수아가 그들에게 안식을 주었더라면 그 후에 다른 날을 말씀하지 아니하셨으리라 그런즉 안식할 때가 하나님의 백성에게 남아 있도다 이미 그의 안식에 들어간 자는 하나님이 자기의 일을 쉬심과 같이 그도 자기의 일을 쉬느니라 그러므로 우리가 저 안식에 들어가기를 힘쓸지니 이는 누구든지 저 순종하지 아니하는 본에 빠지지 않게 하려 함이라"(히 4:8-11).

이 말씀은 여호수아가 안식을 주었으면 뒤에 다른 안식일이 필요가 없지만, 안식일이 남아 있다고 했습니다. 이것은 예수를 믿으면, 예수를 통하여 안식일이 온다는 겁니다. 그 안식일이 안식년으로 간다는 겁니다. 그리고 그 안식년은 희년으로 간다 말입니다. 희년으로 가면, 이제 우리는 죽어서 영원한 안식으로 간다는 겁니다.

안식이 점진적으로 확대되어 예수를 통하여 이루어집니다. 할렐루야. 우리가 복음의 풀세트로 첫째 날부터 일곱째 날인 이 안식일까지 체험하고 이루어지는 것이 바로 **"온전한 복음"**입니다.

지금을 잡아야 할 때

안식일은 24시간, 안식년은 7년, 희년은 50년입니다. 먼저, 안식일을 잡아야 됩니다. 안식일을 잡는 거에 대한 사도 바울의 말을 들어봐야 됩니다. 시간을 잡는 사도 바울의 비밀이 있습니다.

고린도후서 6장 1-2절을 읽어봅시다.

"우리가 하나님과 함께 일하는 자로서 너희를 권하노니 하나님의 은혜를 헛되이 받지 말라 이르시되 내가 은혜 베풀 때에 너에게 듣고 구원의 날에 너를 도왔다 하셨으니 보라 지금은 은혜 받을 만한 때요 보라 지금은 구원의 날이로다"(고후 6:1-2).

사도 바울이 말한 시간을 잡는 비밀은 '지금'입니다. 지금이 은혜 받을 만한 때입니다. 지금이 구원의 날이다. 예수를 지금 잡아야 합니다. 지금을 놓치면 과거도 놓치고, 미래도 놓칩니다. 안식일은 지금부터 시작입니다. 지금 예수를 잡으면, 잡는 순간부터 안식의 시작이 들어가는 겁니다.

지금 잡아야 바로 시동이 걸리는 겁니다. 그러면 지금을 잡는 방법이 뭘까? 지금을 잡는 두 가지 원리가 있습니다. 첫째, **'주여'**입니다. 예수님은 '주여'라는 말에 잡힙니다. 지금을 잡는 원리입니다. 주님을 향하여 부르짖는 자에게 시간이 붙잡힙니다. 입을 열지 않고 주님을 부르지 않는 사람은 지금이 내 앞에서 그냥 흘러갑니다. 지금이 흘러가면, 안식일도 안 옵니다. 안식일이 안 오면 안식년도 안 옵니다. 그리고 안식년이 오지 않으면 희년도 안 옵니다. 지금을 잡지 못하는 사람에게는 안식이 떠나가는 겁니다. 지금을 잡아야 합니다.

지금을 잡는 두 번째 원리는 '**아멘**'입니다. 아멘 하는 사람에게 시간이 딱 잡힙니다. 아멘 하는 사람에게 예수가 잡히는 겁니다. 수없이 많은 시간들이 우리 앞에 지나가지만, 그 시간들이 내 것이 되지 못할 수 있습니다. 우리가 '주여', '아멘'을 할 때 지금이라는 시간을 잡을 수 있습니다. 지금이 시간이 잡힐 때 안식일이 우리에게 오는 겁니다. 그리고 안식년이 오고, 희년이 옵니다.

예수님이 갈릴리 나사렛 회당에 와서 기자회견을 합니다. 예수님이 지구상에 내려온 이유를 선포했습니다. 최초로 복음 선포를 성경 이사야서를 펴놓고 합니다.

누가복음 4장 18-19절을 읽어봅시다.

"주의 성령이 내게 임하셨으니 이는 가난한 자에게 복음을 전하게 하시려고 내게 기름을 부으시고 나를 보내사 포로 된 자에게 자유를, 눈먼 자에게 다시 보게 함을 전파하며 눌린 자를 자유케 하고 주의 은혜의 해를 전파하게 하려 하심이라 하였더라"(눅 4:18-19).

주의 성령이 내게 임할 때, 가난한 자에게 복음을 전하고, 포로

된 자에게 자유를 주고, 눈먼 자를 보게 합니다. 그리고 주의 은혜의 해를 전파한다고 했습니다. 주의 은혜의 해는 희년입니다. 예수님은 우리에게 희년을 선포하기 위해서, 우리에게 희년을 주시기 위해 오셨습니다. 예수님께서 우리에게 희년을 주시러 오셨다는 것을 믿습니까? 주님은 이 땅에 오셔서 안식일을 주시고, 안식년을 주시고, 희년을 주셨습니다. 우리가 예수님을 만나서 안식일을, 안식년을, 희년을 체험해야 합니다.

주님은 지금 이 시간에 우리에게 안식일이 임하게 해주시고, 안식년이 임하게 해주시고, 희년이 임하게 해주셔서 우리의 모든 것들이 다 회복되길 원하십니다. 복음의 결정체인 희년이 우리의 삶에 선포하고, 그 선포대로 이루어지길 원하십니다.

(기도)

"천지창조, 일곱 째 날을 주신 하나님, 감사합니다. 우리에게 안식일을 주시고, 안식년을 주시고 희년을 주셔서 우리의 모든 것을 회복하옵소서. 창조로 나타난 예수 그리스도를 깨닫고 하나님의 설계도대로 이루어지게 하옵소서. 예수 그리스도의 이름으로 기도하옵나이다. 아멘."

전광훈 목사 설교 시리즈 Light 05

창조로 나타난 그리스도

초판 발행 2025년 3월 31일

지은이 전광훈
펴낸곳 주식회사 뉴퓨리턴

주소 서울특별시 성북구 장위로 40다길 19, 1층 106호(장위동)
대표전화 070-7432-6248
팩스 02-6280-6314
출판등록 제25100-2023-043호
이메일 info@newpuritan.kr

ISBN 979-11-992040-0-3 03230